JN096831

地球研叢書

災害対応の伝統知

比良山麓の里山から

吉田丈人
深町加津枝
三好岩生
落合知帆
編

昭和堂

はじめに

気候の変化は今まさに進みつつあり将来も続いていく。大雨はより強くより頻繁に発生して、災害が頻発したり、さらに激甚な災害が引き起こされたりすると懸念されている。これまでと同じようには防災・減災ができなくなりつつあるなか、私たちは災害にどのように対応したら良いのか。解決が急がれるこの重要な問題への対応は、簡単ではない。しかし、解決につながる一つの知恵は、じつは、それぞれの地域の歴史や日々の暮らしのなかに存在している。ただ、それは、まるでひっそりと隠れているかのように、注意深く観察しないと捉えることができない。一方、従来の方法で防災・減災はさらに進められ、災害対応に役立つ新しい技術が次々に開発されている。それらに頼る解決だけでなく、それぞれの地域の足元にあり、脈々と受け継がれてきた知恵を活用することも大切である。これが、本書で伝えたいメッセージである。

私たちの住む日本の自然は、本来、とても豊かである。豊かな自然は私たちに多くの恵みをもたらしてくれる。だがそれとは裏腹に、様々な災害を引き起こす。そこにある同じ自然が、恵みと災いの両方を私たちにもたらすのである。意外かもしれないが、洪水や土砂崩れなど、災いの元となる自然の現象は、豊かな自然をつくりだす重要な要因の一つでもある。自然の恵みと災いは切ってもきれない関係にあることを、私たちは忘れてはならない。

自然がもたらす災いは、いつしか忌み嫌われるものとして捉えられ、技術の発展とともに、災害を減らすことに成功してきた。しかし、災害のすべてを技術の力で押さえ込むことは、現代にあっても不可能である。高度な技術が発展するより前の時代には、人はどのように自然の恵みと災いにつきあってきたのか。現代に生きる私たちの時間感覚をはるかに超える長い年月をかけて、人が自然とつきあうための豊富な知識・知恵・技術が蓄積されてきた。

それぞれの地域において、それぞれの人と自然の関わりが模索されるなかで、世代を超えて受け継がれてきた伝統的な知識・知恵・技術（伝統知）や、地域に特有の知識・知恵・技術（地域知）が、膨大に蓄積されてきた。様々な災害に対応しつつ多くの恵みを活かす伝統知・地域知が、それぞれの地域で、地域の文化として受け継がれてきた。その人と自然の絶え間ない関わりは、決してたやすいものではなかった。しかし、たいへん残念ながら、これらの伝統知・地域知は現代にあって失われていく一方である。伝統知・地域知を受け継いでいくには、すぐには分からないことや目にみえないことさえも含めて、自然の恵みと災いの存在をしっかりと感じとり受け止めていく感性が求められる。地域の人々の感性が共有されることで、伝統知・地域知という地域の共有財産が受け継がれていくのである。

自然がもたらす恵みと災いの深い関わりが考慮された災害対応には、災いを避けつつ恵みを活かしながら生きていく、という人々の姿がみえてくる。日本に古くからあるこの姿は、現代では「生態系を活用した防災減災（Eco-DRR）」や「グリーンインフラ」と呼ばれており、時代を超えた普遍的な意義を持つ。また、伝統的な災害対応は災害を避け被害を減らすだけでなく、災害からの復旧復興にも活かされてきた。地域に受け継がれてきた伝統知・地域知には、過去の災害からの復旧復興の記憶が埋め込まれている。地域のあり方が長期的な視点で捉えられ考え尽くされてきた結果が、伝統知・地域知として生き残ってきたのである。東日本大震災をはじめとする近年の災害からの復旧復興のあり方は、厳しいながらも、私たちにこのことを教えてくれる。

本書には、滋賀県比良山麓地域における私どもの研究と実践の成果として、自然がもたらす災いと恵みの伝統知・地域知が詳細に記録されている。第Ⅰ部には、比良山麓地域における災害の背景と具体像に加えて、地域社会における災害対応の歴史や現代の取組みを記している。災害という一言では表現できないその多様性や個別性は、災害対応における多様性や地域性をもたらし、一筋縄ではいかない災害対応の難しさを伝えている。第Ⅱ部では、第Ⅰ部を受けて災害をもたらす同じ自然の現象が、水・石・景観・生物多様性といった豊かな恵みを地域に与え、地域の人々の暮らしを支えていることを記している。第Ⅰ部と第Ⅱ部を通して、比良山麓地域での人と自然の関わりの多様で複雑な特徴を浮き彫りにしている

本書が伝える比良山麓地域の伝統知・地域知を学び、人と自然の関わりの歴史に思いを馳せてほしい。進みつつある気候や社会経済の変化のなかで、より良い人と自然の関わりを築くことに本書が少しでも貢献できれば、本書に携わった多くの関係者の労が報われるだろう。道のりは遠いよう

にみえるが、社会の至るところで、確実に歩みが進みつつある。

本書は、総合地球環境学研究所のプロジェクト「人口減少時代における気候変動適応としての生態系を活用した防災減災（Eco-DRR）の評価と社会実装」における成果の一部をまとめたものである。災害対応の伝統知に関する研究と実践の成果は、シリーズ「地域の歴史から学ぶ災害対応」（電子版を無料公開）にもまとめられているので、ぜひ参照いただきたい。

吉田丈人

目次

第Ⅰ部　伝統知を活かした災害対応

第1章　比良山麓の地形・地質と自然災害

三好岩生

1　災害環境の基礎条件

地域における人々の生活の歴史は、自然環境の制御に向けたゆまない努力の歴史とも捉えられる。人々は、住む地域において繰り返し発生する自然災害を防ごうとし、その一方で自然から得られる資源をより効率的に利用するための知識を蓄えてきた。それぞれの地域において発生しやすい自然災害や、利用しやすい自然資源は、その地域の地形・地質・気象などの基礎的な自然条件に規定されている。このような基礎的な自然条件は、場所によって千差万別であり、それぞれの地域に備えられるべき防災の手立てや自然資源の利用法もまた、基礎的な自然条件に応じて多様である。より多くの優れた自然資源を提供する環境は自然災害を引き起こしやすい環境であることが多く、多くの資源を得ようとすると必然的に自然災害を引き起こしやすい環境との共生が求められることになる。災害を防ごうとする努力は、効率的な土地利用や、堤防・堰堤の築造、水路の整備などの形となって現れる。一方、災害の基礎的条件となる地形や地質に応じた自然資源利用の効率的手法を探求するなかで、その利用に関する知識が蓄積され、有形無形の生活文化として醸成されてきた。それぞれの地域にみられる景観やそこで育まれた文化には、自然災害への対応の履歴が反映されている。

本書が扱う、比良山麓の里山でみられる美しい景観もまた、太古より続けられてきた自然災害との闘いのなかで形成されてきたものであり、その災害の形態はこの地域の地形・地質的特徴に規定されている。本章では、比良山麓の里山の伝統的・地域的な災害対応にみられる数々の英知や、伝統知として蓄えられた数々の自然資源利用文化を生み出した基礎的条件としての地形と地質的特性をみていく。

2　比良山麓の里山の地形・地質と自然災害

比良山麓付近の地形

比良山麓の里山の地形の概況は、南北に並ぶ集落西側の比良山系の標高一〇〇〇メートルを超える稜線から、東側の琵琶湖に下る斜面として捉えられる。山稜直下の急峻な斜面が東方向へと続き（図1–1）、その下に土石流扇状地が発達している（図1–2）。さらに集落が営まれる狭い平地を挟んで標高約八四メートルの琵琶湖へ続くという、山から湖にかけて連続的に変化していく形態を呈している。図１–３は守山地区付近での山稜から琵琶湖にかけての縦断面図である。四〇〇〇メートルという短い距離のなかで一〇〇〇メートルもの高低差があり、とくに山稜近くは人が近づくことを拒むような急斜面になっている。山地の急峻な斜面は土砂の生産源となり、山麓部における幾多の土砂災害を引き起こしてきた。また、冬の西からの季節風は「比良おろし」と呼ばれる強風となり、風害もたびたび発生している。

図1-1　山稜直下の急斜面と谷頭崩壊（2018年、二宮健斗撮影）

図1-2　中腹部の土石流扇状地（2022年、三好岩生撮影）

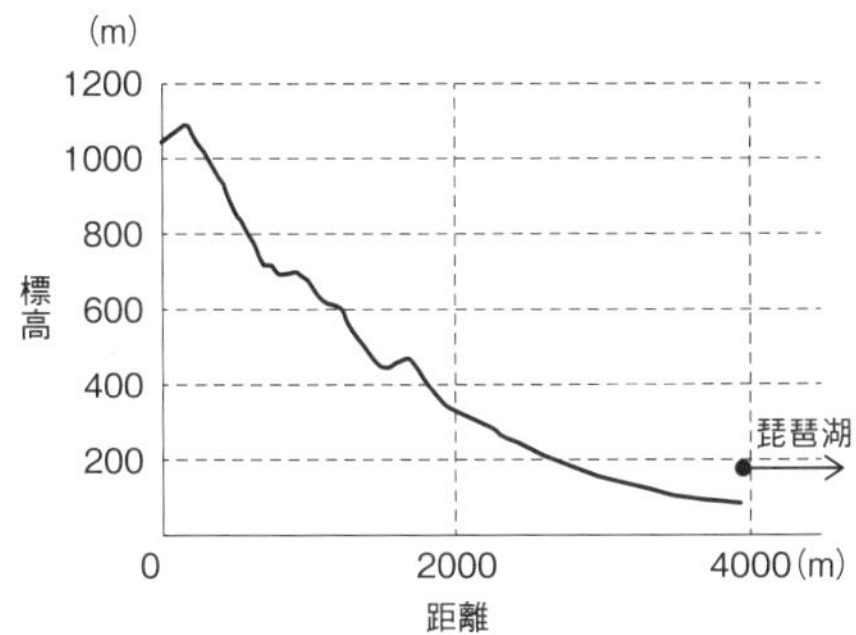

図1-3　守山地区付近における比良山系の稜線から琵琶湖までの縦断地形

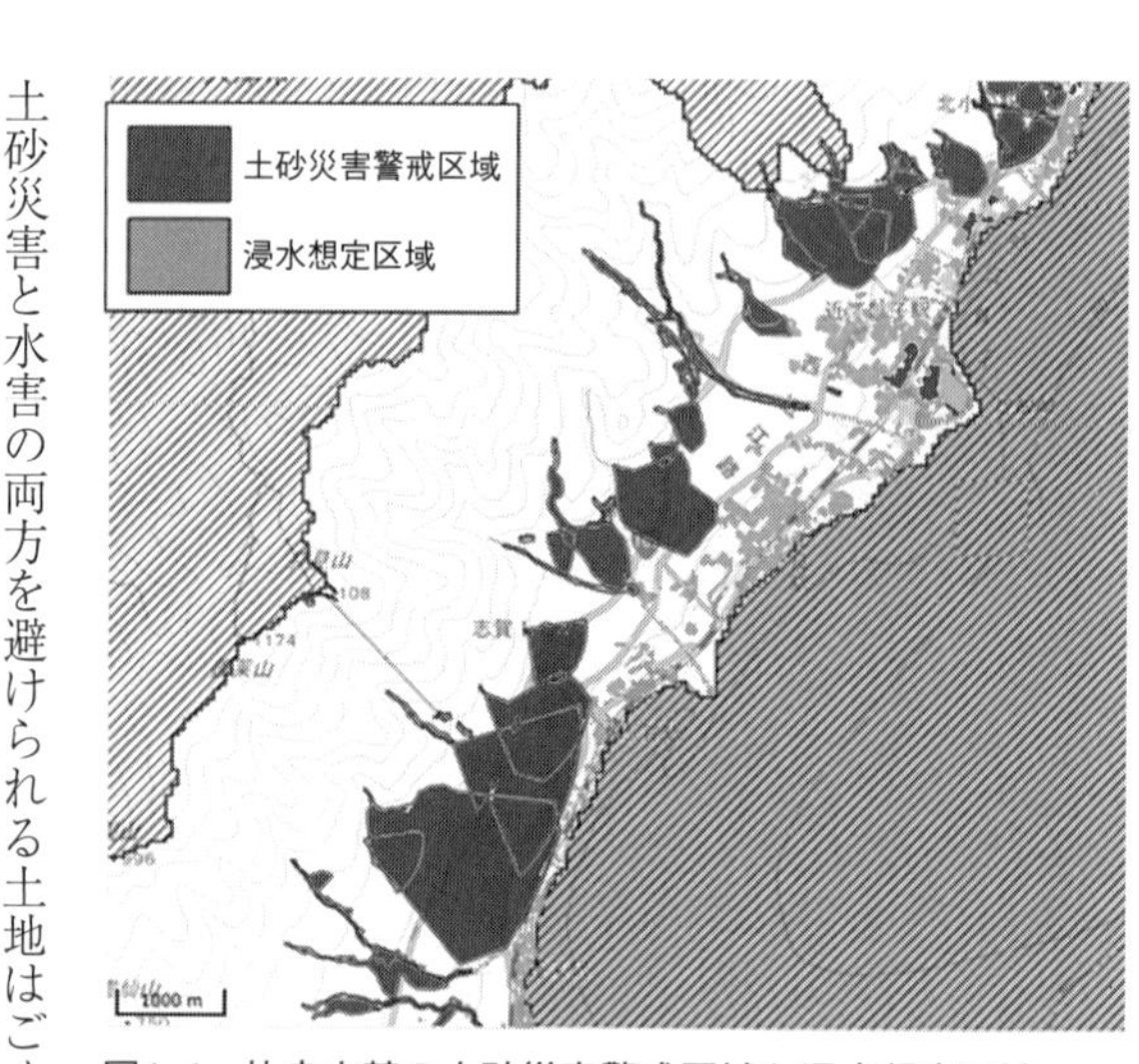

図1-4　比良山麓の土砂災害警戒区域と浸水想定区域
注）「滋賀県防災情報マップ」に三好岩生加筆

一方、琵琶湖の沿岸部では、明治期や昭和期の南郷洗堰の整備が行われるまでは水位が不安定で、いくども琵琶湖の増水による水害が発生していた。図1-4は比良山麓地域の土砂災害と水害の警戒区域を示したものである。比良山系からは琵琶湖に向かって多くの河川が並行して流れており、そのほとんどの河川が土石流危険渓流に指定されている。各河川の中〜下流域には、土砂災害警戒区域が隣接の警戒区域と重なり合うように指定されている。また、平地には今でも水害時の浸水想定区域があるが、歴史的にみれば南郷洗堰の整備以前には浸水危険区域がもっと広く、土砂災害と水害の両方を避けられる土地はごく限られた部分であったと考えられる。このような防災構造物の整備による災害危険区域の縮小は、土砂災害についても進められてきた。昭和以降、ほとんどの河川で砂防事業が進められ、その結果として土砂災害警戒区域はかなり減少した。しかし、気候変動に伴う災害現象の大規模化が懸念されている昨今では、既設の防災構造物のみで必ずしもすべての災害を防止できるとは限らない。大規模な災害現象が発生した際には、土地利用などを含めた総合的な対策が必要となる。

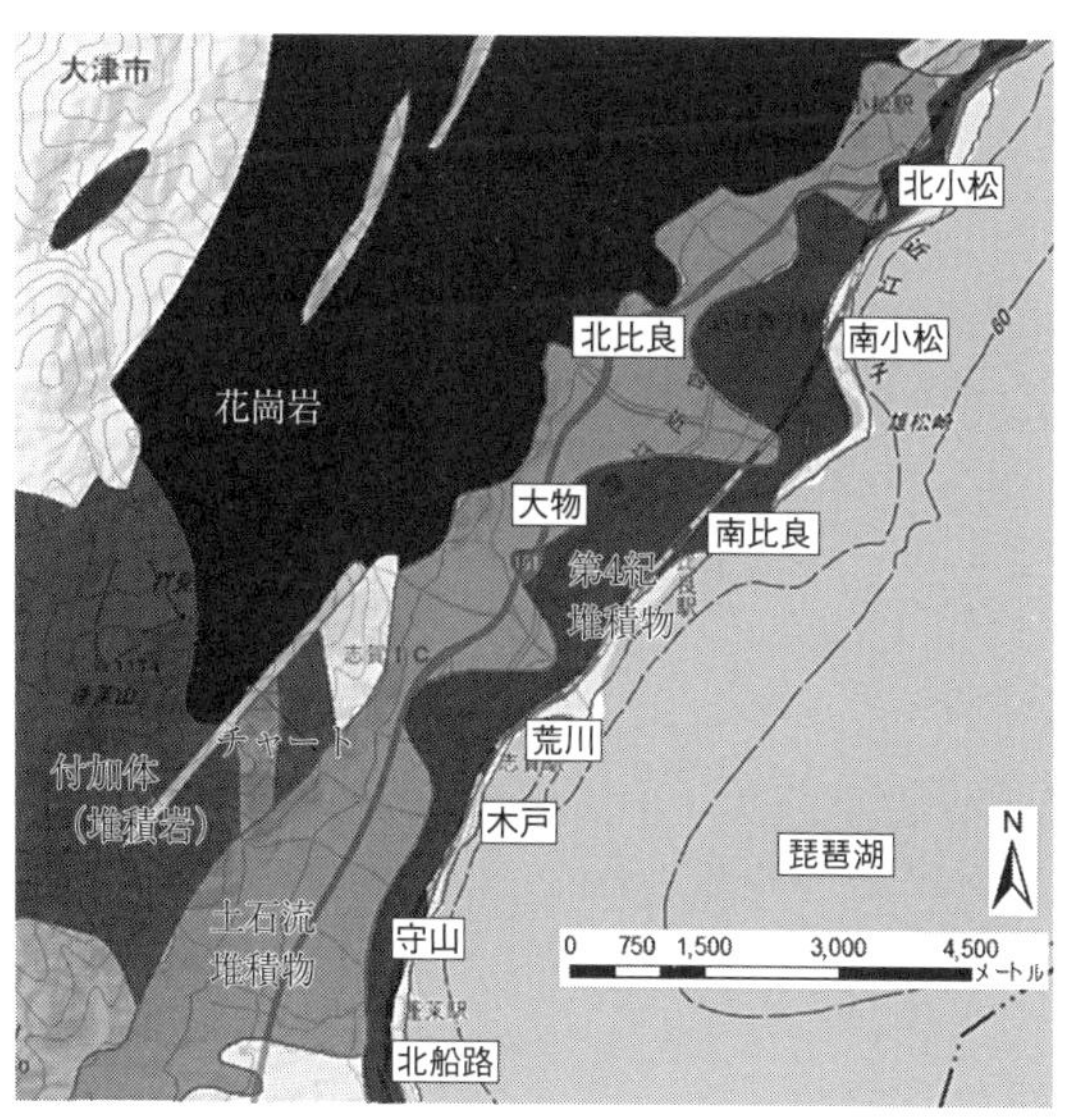

図1-5　比良山麓付近の地質

注）産総研地質調査総合センター、20万分の１日本シームレス地質図V2に三好岩生加筆

比良山麓付近の地質

次に比良山麓付近の地質をみていく。比良山系や比良山麓地域のなかでも、場所によって地質が異なり、地質の違いに応じて地形にも異なった特徴がみられる（図１-５）。北寄りの花崗岩地帯では侵食によって急勾配で比較的小規模な谷地形が発達し、麓の集落では頻繁な土石流に悩まされてきた。それに対し、南寄りの堆積岩地帯では頻度は少ないが大規模な深層崩壊による甚大な災害の記録が残されている。

花崗岩は風化速度が速く、基岩から直接的にマサ土と呼ばれる土砂に変わる。マサ土は水を含むと流動化しやすく、土石流の頻発要因となる。流動性の高いマサ土は、比較的勾配の小さい土石流扇状地を形成し、緩勾配地においても多量の土砂が氾濫して災害をもたらしやすい。そのような土砂災害を防ぐため、花崗岩地帯には中世以前から河川に多くの砂防堰堤や護岸が設置されてきた。この地域にみられる天井川は、土砂災害との長い闘いの歴史を物語るものである。また災害を防ぐために、堰堤や護岸などの構造物の築造だけでなく、氾濫の頻度が高い土地は高度利用を避け、林地にして緩衝帯としての機能を持たせるなど、経験的に災害を避ける知恵を蓄積していった。明治期から昭和前期には、山地からの石材採取が盛んであったため、山腹が荒廃してさらに土砂流出が増えていった。近年では石材採取がほとんど行われなくなり、山腹の森林は回復傾向にあるため、山腹から河川に供給される土砂量が減少傾向にあるものと思われる。また、近代的な砂防事業が進んだ結果、近年では土石流災害はほとんど発生していない。災害が起こらないことは好ましいことであるが、危険性は依然として残っており、災害頻度の低下によって災害に対する危機感が失われ、結果的に災害脆弱性が高まることが懸念される。

　南部の堆積岩地帯では、基岩としてチャートなどの堆積岩の混在岩から成る付加体構成物が広がっている。これらの堆積岩は、風化による細粒化速度が比較的遅い傾向にある。また、付加体では比較的地表深くまで風化が進行するため、頻度は小さいながら深層崩壊などの規模の大きい土砂災害を起こしやすいという災害特性がある。実際に、付加体下部の守山集落では、江戸時代（一六九二（元禄五）年）に集落全体が流されるような土砂災害があったことが伝えられている。科学的見地からも大規模土砂災害が懸念されるために、守山地区を流れる野離子川には深層崩壊に備えた大規模な砂防施設が設置されている（図1-6）。

この地域の地質学的なもう一つの特徴として、活断層との位置関係がある。北部の花崗岩地帯から南部の堆積岩地帯まで、地域の東側には琵琶湖西岸断層が、比良山を挟んだ西側には花折断層という活断層が比良山系と並行して走っており、地震災害も懸念されるところではある。しかし、この地域には地震災害の記録は少なく、少なくとも近代以降には大きな被害を伴う地震災害は起こっていない。これには、集落の地盤が礫質であるために、地震動に対して地盤が比較的強いことが関係している可能性がある。地震による家屋の倒壊などよりも、断層の影響で基盤岩層の破砕作用が進み、より大規模な土砂災害が発生することこそ心配すべきかもしれない。

図1-6　野離子川に設置された大規模な砂防施設（2018年、二宮健斗撮影）

3　地形・地質特性と自然資源の利用

石材や土砂の利用

比良山麓の里山における自然災害が起こりやすい地形・地質特性は、必ずしも住民の生活に不利な条件となるばかりではなく、有利な条件としても機能してきた。例えば、花崗岩は石材としておおいに利用されてきた。花崗岩はみかげ石の名で様々な用途の石材として用いられるものであり、十分な硬度を保ちながら加工が容易であるという特色を持っている。比良山麓地域から産出する花崗岩でも、産地によって色や鉱物粒子の大きさなど、石材の特性が少しずつ異なっており、採取する場所によってその特徴を踏まえた様々な製品が作られてきた。北比良地区では長石と呼ばれる比較的大きく長い石材の、南小松地区では灯籠などの細工物と呼ばれる製品の加工技術が進んだことは、各地区で産出される花崗岩の特徴を活かす術であったと考えられる。現代のような自動車による運輸技術がなかった時代、比良山系の中腹から切り出された石材は浜へと輸送され、加工された上で湖東や京都などの消費地へと琵琶湖の舟運を利用して輸送された。山腹から琵琶湖岸までの距離が短いという地形的特徴は、産地から加工場、輸送基地までの運搬の労を軽くするものであり、琵琶湖の水運も手伝って石材業に有利な条件を与えていた。

一方、河川の流れに乗って河口まで流下した土砂は、琵琶湖岸において湿地や砂浜を形成する。河川から琵琶湖に供給された砂質のマサ土は、湖岸流に乗って内湖という特徴的な地形を作り出し、その周囲には豊かな生物多様性のある湿地が形成された。比良山麓の里山の琵琶湖岸に散在する美しい砂浜は、山地から生産されたマサ土が、河川を流下する途中で石礫が堆積して除かれ、粘土成分が洗い落とされて美しい白砂のみとなって堆積したものであり、水泳場として利用されている（図1-7）。

堆積岩地帯から産出されるチャートは、守山石という名で庭石や敷石などとして珍重され、京都の庭園などで用いられてきた（図１-８）。花崗岩地帯では石材を山腹の基岩から切り出していたのに対し、守山石は土石流となって川を流下し、扇状地上に堆積した石礫のなかから採取した。ここにも土石流という災害につながる現象を逆手にとって、有効な資源の入手法として利用する知恵がみられる。守山石などの堆積岩は、加工せずに自然の形を生かしたまま使用されることが多く、長年使用されている家屋の石垣や石組みの水路などには自然石ならではの風合いがあり、地域の景観を彩っている。

図1-7　南小松地区の白砂青松（2022年、三好岩生撮影）

図1-8A　守山石の庭石と花崗岩の石灯籠（2022年、深町加津枝撮影）

図1-8B　守山石の庭石と敷石（2022年、深町加津枝撮影）

森林資源や水資源の利用

比良山麓の里山では、森林資源も生活を支える重要な自然資源となっていた。かつて化石燃料が使われていなかった時代、森林から産出する薪や炭は重要な生活物資であった。原則的に平地は宅地あるいは食糧生産のための農地として使われるので、森林資源は山地から採取することになる。この地域では、いずれの集落も住居から山林までが近く、森林資源の採取に有利であった。また平地や緩勾配地であっても、高い頻度で河川の氾濫の影響を受ける場所は、里山林を残して災害緩衝帯として使用するとともに、平時は薪炭林として利用された。それに対して琵琶湖の対岸の湖東地域には山林が少なく、森林資源が入手しづらい条件にあったため、採取された森林資源の多くは、短距離の陸路輸送のみを介し、琵琶湖の舟運を用いて湖東地域へと輸送されて貴重な収入源となっていた。

比良山系と平行して南北に並ぶという集落の配置は、水資源の入手にも有利に働いた。それぞれの集落に少なくとも一つ以上の河川が流れ込んでおり、各集落で独自の水源を得られたことは、生活用水や農業用水を得る上で大変有利な条件となる。ただし、各河川の流域は小さく、急勾配であるため、流量の変化や土砂の移動が激しく、河川からの引水には工夫が必要であった。各集落では河川とは別に生活用水や農業用水用の水路やため池などを設け、豪雨時にはそれらを災害の緩衝地として利用し、河川の状況を慎重に判断しながら取水の制御を行ってきた。また各集落の住居や農地は基本的に土石流扇状地の末端付近に位置しているため、多くの湧水に恵まれたことも潤沢な水資源を支える要因であった。

4　災害と共生する環境・文化

比良山麓の里山の地形と地質特性は、土砂災害をはじめとした自然災害の基礎的条件として危険性の高いものであるが、その一方で地域の豊かな自然環境や産業、文化などを醸成する基礎的条件としても役立ってきた。地域の基礎的な自然条件を生活に有利な条件として活かすためには、まずその条件をよく知った上で、自然と上手くつき合っていく知恵が必要である。一九六〇年代ごろまでは、地域の自然条件も社会的条件も急激な変化はなく、長い時間をかけて経験知を積み上げながら自然とのつき合い方についての知恵を得てきた。その結果として、自然環境との間に一定のバランスの取れた社会システムが機能していたといえる。しかし、現在、社会的条件に大きな変化が起こっている。それは人口増加に伴う宅地開発やインフラの整備、利用資源の変化などである。これまで災害緩衝地であった里山林が開発されて住宅地となり、その住宅地を保全するためにさらに効果量の大きい防災インフラが整備されてきた。また、石材採取や薪炭利用の停止によって薪炭林が放棄され、山腹の植生にも変化が現れている。植生の変化は山地からの土砂流出や河川の流況の変化を引き起こし、河床の低下や砂浜の後退などの望ましくない現象がすでに起こっている。

このような変化はあまりに急激であり、かつてのように長い時間をかけて経験知を蓄積していくだけでは、その変容を十分に理解することが困難であろう。さらに防災インフラの整備によって、地域の災害特性を学ぶ機会は大幅に減少している。急激な変化のなかで災害を防ぎ、自然資源の保全と利活用を進めるためには、より積極的に自然と親しむ機会を設け、かつて保有していた自然共生の知恵を再確認し顕在化させるとともに、科学的な見地から基礎的な条件とその変化について知見を得て活用していくことが必要であろう。

参考文献

産総研地質調査総合センター　二〇二二「20万分の1日本シームレス地質図 V2」https://gbank.gsj.jp/seamless（二〇二三年八月七日最終閲覧）

滋賀県「滋賀県防災情報マップ」滋賀県ＨＰ（https://shiga-bousai.jp/dmap/top/index　二〇二三年八月一〇日閲覧）

三好岩生　二〇一九「土砂災害危険地における住民の防災意識と自主防災活動の課題」『砂防学会誌』七二（一）、一一一―一二〇頁

第2章　地域住民による水防対策

落合知帆・高橋大樹

1　地域住民の視点からみる水防対策

近年、これまでの経験や想定をはるかに超えた降雨が各地を襲い、洪水やそれに伴う土砂災害などが日本の各地で発生している。伊勢湾台風以来、国や地方は河川管理を行うべく、構造物によるハード対策を中心に各河川を整備してきたが、近年は人々の避難行動や助け合いといったソフト対策の重要性が認識され、災害時においてはその双方の対策が重要であるとの認識が高まっている。

一方で、各地域に残る歴史的な災害対応に関しては、水害対応に限っても砂防堰堤や霞提といった土木遺産、水屋・水塚やアガリヤといった水防建築、あるいは各地域で伝統的に行われてきた維持管理活動や住民の工夫、努力といった慣行にも、地域特有の地形、地質、災害特性などをよく把握した人々の知識や知恵が反映されているといえよう。先人たちが我々に残してくれた歴史資料を

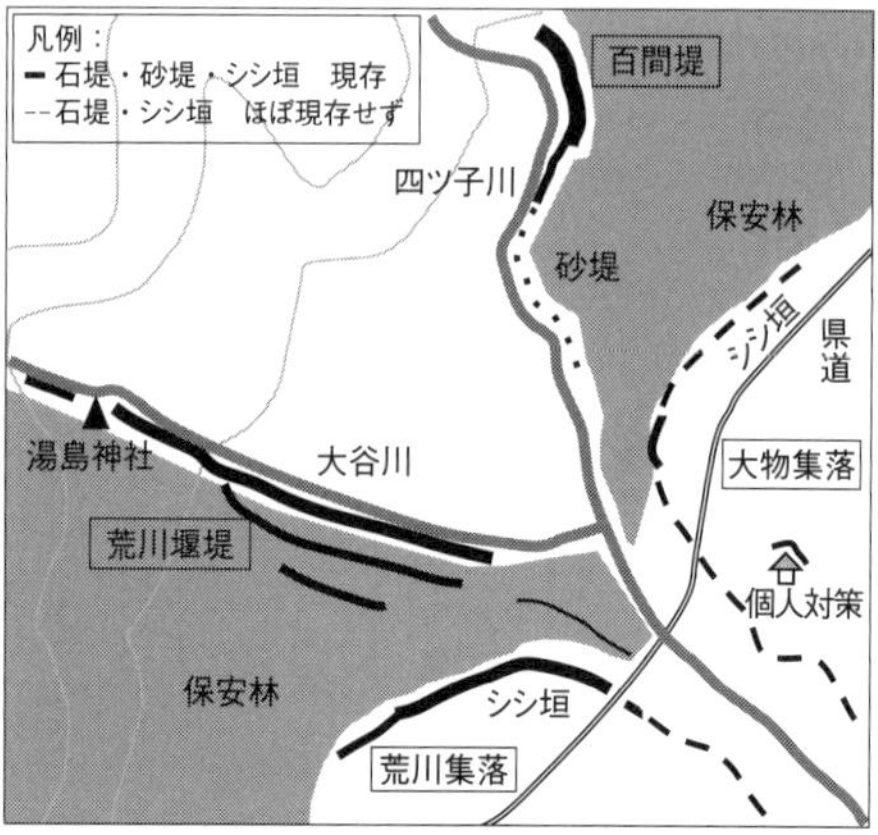

図2-1　大物・荒川地区周辺図

注）大津市歴史博物館『湖都大津の災害史』27 頁をもとに落合知帆作成

紐解き、地域の古老たちの語りに耳を傾ける必要がある。

本書が主な対象地域とする比良山麓地域は、江戸時代前期（一七世紀）には一八の村が成立しており、それぞれで領主・村民間において命令や願書など、文書・記録が送受され、現在においては「区有文書」として各自治会等で大切に保管されてきた。これらは一般的に「古文書」と呼ばれてきたものであり、そこには一七世紀以降の古地図も多く含まれている（大津市歴史博物館二〇一八）。

こうした過去の、とりわけ江戸時代の古地図は、単に各地域を描いたものというよりも、ある目的で作成されることがほとんどである。それは、村況を書き上げた記録とともに村落空間全体を描くため、あるいは共有地（入会地）や境界争いの裁許のために作成されたものなど、領主と村民の支配／被支配関係を反映したものであることが多い。そのなかでも特に目を引くのが、自然災害の被害範囲を描いたものや、堤防などの普請に関する情報が書き込まれた絵図で、これらは領主に対して救済や費用捻出などを訴願した際の付図であった。現在の我々からみると、水害の規模や堤防普請、修復に関する情報を読み取ることができ、当時の災害対策の実態だけでなく、そこに地域の古老の話を合わせることで、今日に至る暮らしのなかの様々な水防対策や水害時の避難方法について比較・検討することができる。

本章では、こうした歴史資料を通じて、比良山麓地域のうち大物・荒川地区を流れる四ツ子川と大谷川をめぐる地域住民の水防対策を紹介したい（図２−１）。

２　大物地区の「百間堤」をめぐる水防と地域住民

「百間堤」の築造

大物集落の山手にある通称「百間堤」は、大谷川の支流四ツ子川に沿って築造された堤防である。現在の百間堤（石堤）は、一八五二（嘉永五）年七月に起こった未曽有の大雨による大洪水・土砂災害により決壊した後、約六年をかけて修復されたものである。当時、それまでの石堤・砂堤はことごとく流され、下流の大物村と隣村南比良村に甚大な被害を及ぼした。領主であった堀田家（宮川藩）は、村民による「御普請」の願い出を受け、普請工事に着手した。

これら百間堤と災害をめぐる歴史は、『志賀町史』をはじめとして、種々紹介されてきた（滋賀県大津市林業事務所　一九九五、高橋　二〇一三）。ここでは、これまでの研究を踏まえつつ、改めてその概要を紹介したい。

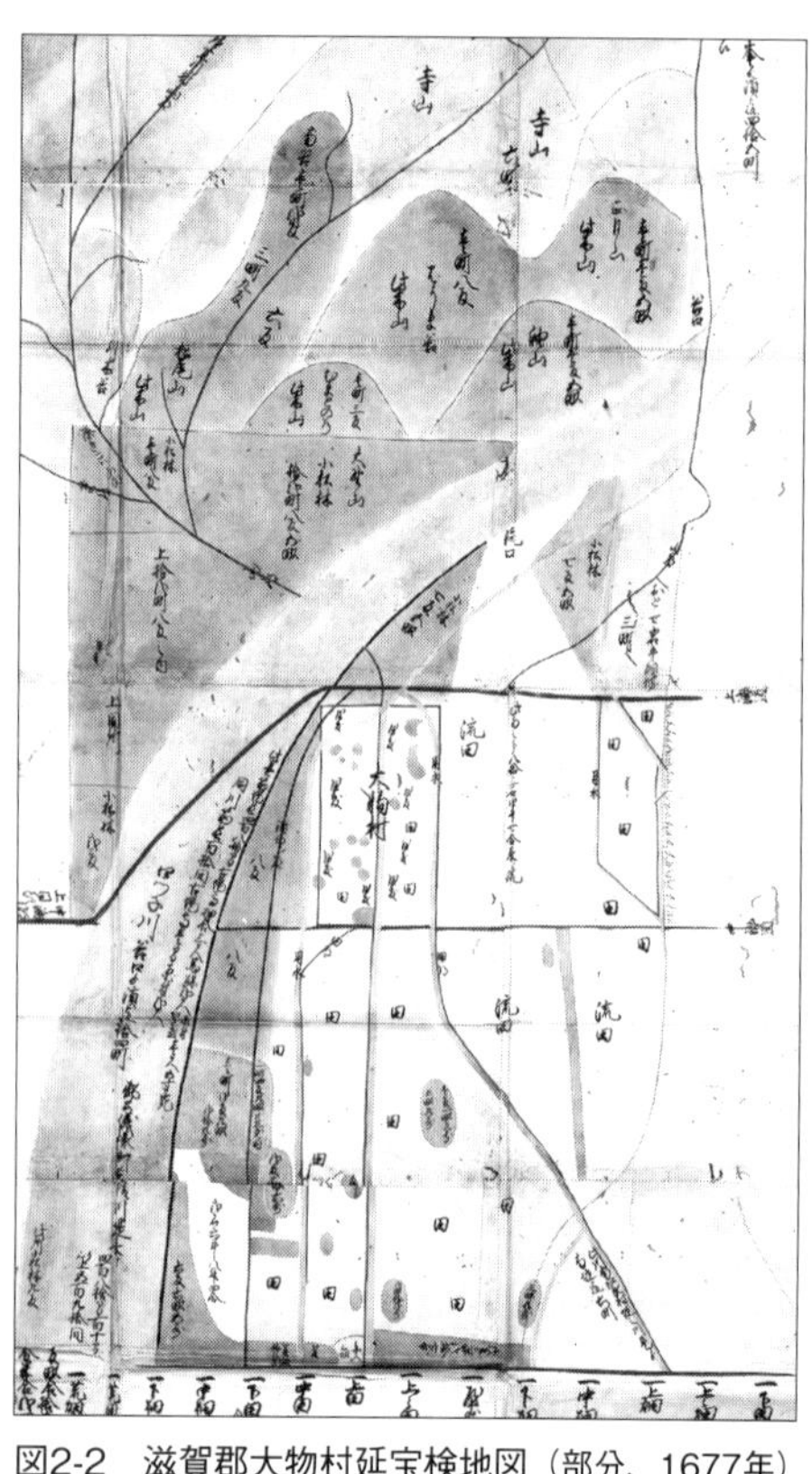

図2-2　滋賀郡大物村延宝検地図（部分、1677年）

出所）大物共有財産管理組合

百間堤の築造や構造は、いくつかの古文書・古地図から明らかにすることができる。まず注目したいのは一六七七（延宝五）年に作成された「滋賀郡大物村延宝検地図」（図2-2）である。これは、琵琶湖から比良山麓の山並みを眺め、大物村の村落（ここでは集落とノラ・ヤマを含め）の全体を描いたものであり、当時、大物村が幕府領であったことから延宝検地が実施された延宝検地に伴って作成されたものである。

そして、この絵図には注目すべき二つの点がある。まず一つは四ツ子川に沿って集落側に示された黒線であり、傍らに「御公儀御普請、川堤長サ四百八拾間、百十間、以上五百九十間」との一文が添えられている。これは、集落域を守るように記された「砂堤」と考えられ、その修繕が「御普請」という領主（当時は幕府）による費用負担であったことが明らかとなる。

そして二つ目が、現在の百間堤（石堤）がある場所に堤防の表記がなく、「流口」との書き込みがある点である。この部分から琵琶湖岸にかけて田畑部分が白色（凡例で「流田畑」）で示され、隣村の南比良村まで洪水や土砂が流れ込んだ痕跡のように描かれている。これは絵図作成前年（一六七六年）の土砂災害による田畑の流失を指していると思われ、当時まだ百間堤（石堤）は存在していなかったと推測される。

それでは、「流口」の場所に百間堤（石堤）が築造されたのはいつごろだろうか。ここで参考となるのが同じく大物地区に残る「堤間之帳」という記録である。これは百間堤の築造と修復に関する初見記録であり、一六八一（天和元）年から一六八六（貞享三）年のうち四年分の対象となる改修箇所を明示して領主（幕府）へ提出したものである。これらを精査すると、四ツ子川に築かれた堤は、①石堤（字狸山の七〇間と字念仏山の一二〇間）と②砂堤（一一〇間と四八〇間）であり、全長七八〇間（約一四〇〇メートル）にもなる長大な堤防であったことがわかる。なお同史料は改修部分を示していることから、一六七七（延宝五）年から一六八一（天和元）年の間に築造されたと推測でき、現在、百間堤と呼んでいる部分は、その全体の一部ということになるだろう。大物村（と南比良村）の村民にとって、毎年のように起こる水害・土砂災害に対し、これら長大な堤防の維持は大きな課題であったと思われる。

「堤御普請御願目録」にみる住民活動

四ツ子川沿いの石堤（百間堤）・砂堤は、築造後から修復を繰り返していた。このことは、「堤御普請御願目録」（大物共有財産管理組合蔵）という史料が、その頻度とともに、村民の関わりを明らかにしてくれる。この史料は一言でいえば、一六八八（元禄元）年から一七四三（寛保三）年間の約五五年分の石堤・砂堤に関する、①村側から出した修復願書の控え、②領主（役人）側から通達された普請仕様書をまとめて綴じたものである。よってこの史料は、大物村の石堤・砂堤が災害等で破損するごとに、修復対象となる箇所を詳細に書きあげ、その経費（人足を含めて）を計上し、領主（幕府／宮川藩）に提出して、その許可と費用拠出を願った文書ということになる。当然、災害の規模により修復すべき範囲や大きさは異なるものの、毎年のように起こる土砂災害の発生とその対応の来歴を知ることができる。

まずはこのなかで、①村側から出された一六八八（元禄元）年の石堤修復に関する箇所をみてみよう。

四ツ子川筋字狸穴

一、長七拾間　石堤　根置三間、高サ壱間半、馬踏壱間

内　弐拾五間腹欠仕、御普請願、

同川筋字念仏山
一、長百弐拾間　石堤　根置弐間半、高サ壱間、馬踏壱間
　　内　腹付弐尺、笠置壱尺御普請御願
（「辰年春御普請御願目録」一六八八（元禄元）年）

すなわち、字狸穴に位置する石堤七〇間のうち二五間が欠損し、さらに念仏山に位置する石堤一二〇間も全体的に腹付（堤防側面部分）が二尺、天端部分が一尺ほど破損していたことから、修理のため「御普請」の願いを出したということになる。

次に②領主（役人）側からの一七三四（享保一九）年の通達仕様書をみてみよう。

同年、増築をくり返していた字念仏山の石堤一六五間のうち合計一二三間分（人足合計一五三人分）、砂堤六八二間のうち二三二間（人足一四五人分）の破損があり、それを受けて修復にかかる労働力が算出されている。さらに合わせて「松葉百五拾本」が砂堤の「腹付・笠置之場所之内、長百五拾間ニ砂留壱間壱本ツ、堤腹かけ松用」として拠出された。この松は「旧例之通、大物村御林ニて被下」と、領主管轄の林から調達されることになっていた。

また、これら石堤・砂堤の修復労力として合計人足二九八人分が次のように計算されている。

八拾五人　高百石ニ五十人　村役人足

八拾五人　高百石ニ五十人　御扶持方人足
此御扶持米六斗三升七合五勺　壱人ニ七合五勺ツ、
此銀弐拾八匁六分九厘　但壱石ニ付四拾五匁
百弐拾八人　賃人足
此米弐石壱斗七升六合　壱人ニ壱升七合ツ、
此銀九拾七匁九分弐厘　但大津直段
合銀百弐拾六匁六分壱厘

（「寅春御普請仕様書」一七三四（享保一九）年）

つまり①八五人分の村負担（自普請）、②八五人分の領主負担（御普請）、さらに残る一二八人分を賃金支出による負担により百間堤を含む四ツ子川堤の修復普請が実施されたことがわかる。

ここで重要なことは、一六八八（元禄元）年の願書より、大物村民がまず自分たちで堤防被害の度合いを調査し、次いで修復に必要な人員や部材を精査してその経費を計上している点である。そして、一七三四（享保一九）年の場合は、おそらく村側からの願書を受けて、役人側で被害状況から支出経費が算出され、またそれは領主・村側双方の支出であり、かつその労力を担ったのは主に村民であったと考えられる点である。

毎年のように繰り返される修繕において、土木技術や地域知の伝承の実態についてはなお検討が必要であるものの、地元住民による水防活動の前提には、自然災害からの復興に向け、自ら調査し、自ら被害の具合を明らかにし、対応していく力が地域に蓄積されていたことがわかる。

近代以降の「百間堤」

先に述べたように、一八五二（嘉永五）年の大洪水による石堤（百間堤）・砂堤の破壊と修復は、後々まで語り継がれる百間堤史の起点ともなるものであったが（志賀町史編纂委員会編 一九九九）、その後の修復や維持管理はどうだろうか。

まず、一八九六（明治二九）年の四ツ子川砂堤の破損と修復である。同年七月から九月、台風による豪雨により後年「琵琶湖大洪水」などと呼ばれる大水害が発生した。このとき、琵琶湖岸における水害だけでなく、琵琶湖に注ぎ込む河川において土砂災害も多く発生していた。四ツ子川の石堤（百間堤）・砂堤にも被害が出ており、翌一〇月二〇日に堤防修繕願が、大物惣代から木戸村長にあてて提出された。その願書の前半部では「往古屢々堤防破潰シ人畜ノ死傷、家屋ノ流出、田畑ノ埋没セシコトアリ」と、嘉永五年水害と決壊を記述し、その際に、負傷者が三人、家屋流出が二一棟、その他にも家屋・田畑に砂礫が流入したことを記す。次いで願書後半部においては、廃藩置県以降、十分な改修が進まず、被害を少し「防御」（軽減）する程度であったが、いま（一八九六年洪水時）百間堤は「破潰埋没」した状況となっていると訴える。そして、そもそもこの堤防は「村落之頂上ニシテ若シ一朝欠潰セハ人家田畑ノ流出スルヤ一目瞭然」であり、村民が昼夜を分けず尽

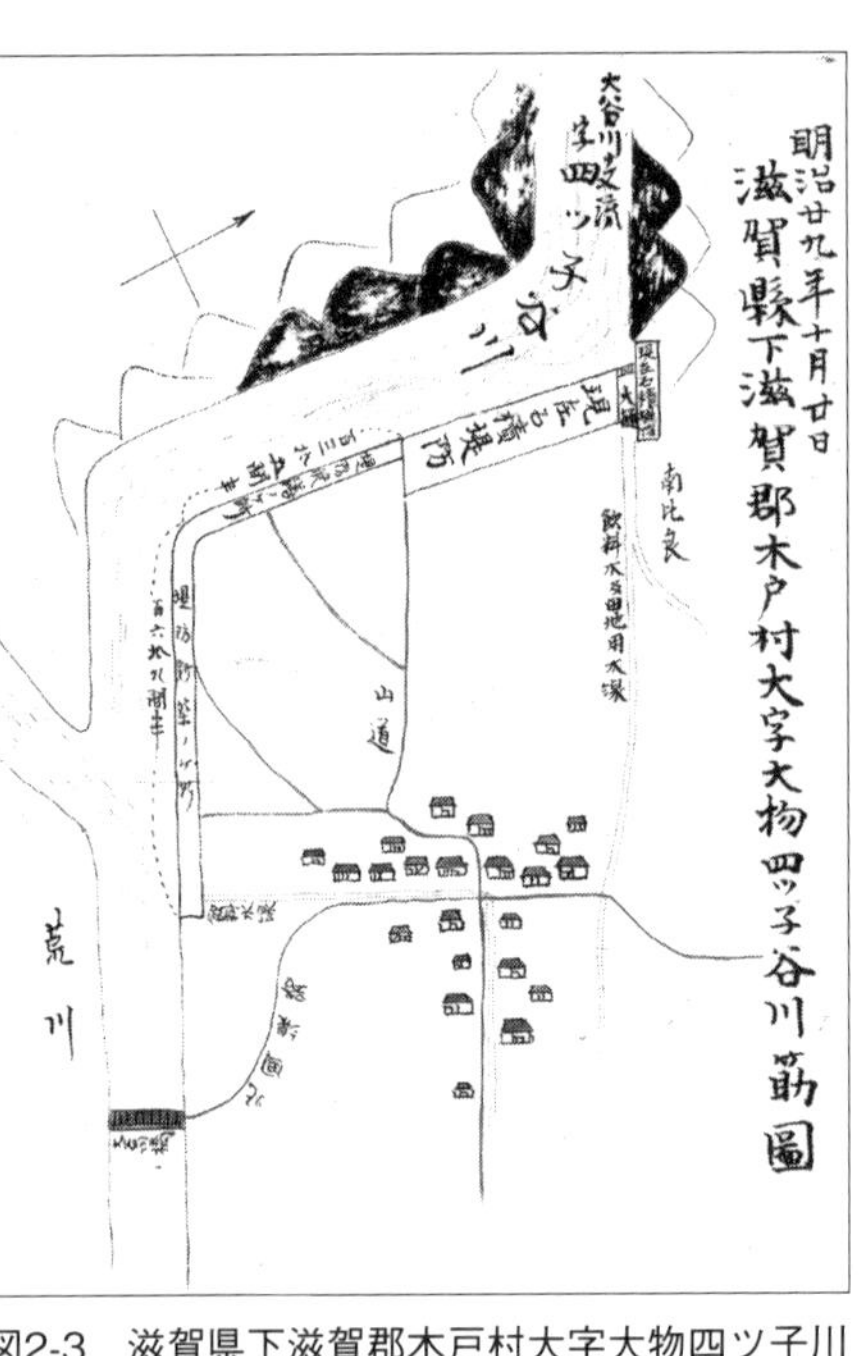

図2-3　滋賀県下滋賀郡木戸村大字大物四ツ子川筋図、1896（明治29）年

出所）大物共有財産管理組合

力し辛うじて「溢流」を免れている状況であると修繕・新築を願うとしている。このことからも村民は領主による修繕を待つだけでなく、自ら防災・減災の方途を探り続けていたといえる。

さらに、大物区有文書には、一九〇五（明治三五）年八月一一日、暴雨により大字大物に属する字油山の大谷川（四ツ子川）石垣が破壊され、集落方向に水が流れ大物住民は日夜水防に出たこと、また一九一〇（明治四〇）年、百間堤の下流の砂堤が洪水で壊れたことなどが明らかとなっている。

このように明治時代においても百間堤は何度も被害を受け、その度に修繕がなされており、現在残る百間堤は、一八五二（嘉永五）年の新たな築造といってよいほどの全面的な改修以後、数度の改修が行われた姿である点も確認しておく必要があるだろう（図2-3）。

また一点付記しておくと、一九五六（昭和三一）年三月、大物区で百間堤（石堤）に続く通称「女堤（おなごつづみ）」

の一部（後述）の売却が決定されている。当時の臨時部落総会議事録によれば、「水害に対し必要あるか無きか之を見当（検討）す」とあり後日開かれた総会で、「女堤見立の結果必要性なき為、其の後の処地（置）に関する件」として入札による売却が決定された（大物区有文書「大物部落決議録綴」）。

この一部ではあるが、築造・修復を繰り返していた堤の放棄（売却）は、近代以降の砂防工事による水害の低減が背景にあると思われるが、水害に対応するかどうかの確認が地元住民による「見立」によって行われたのである。現在に続く百間堤（石堤）・砂堤の来歴は、地元住民の災害認識や尺度、その眼差しとともに変遷してきたものといえよう。

図2-4　百間堤の様子
（2022年、落合知帆撮影）

百間堤と人々の取り組み

現在の百間堤（石堤）は、周辺の花崗岩の使用が確認でき、石積みは三分から五分程度の法勾配で作られ、現在でも完全な形を保っており、当時の技術の高さが伺える（図2-4）。また、百間堤の下流には女堤（おなごつづみ）と呼ばれる女性でも運べる程度の石を用いた堤があり、さらに土塁（砂堤）が続く。地元の古老によると、戦後までは砂堤の上に松を植え、雨が強く降りそうになると集落の大人たちが四ツ子川の様子をみに行き、その松の木を数本置きに切り、川側に向けて倒すことで、水流や石によって砂堤が削られるのを松の葉で防ぐ流木工法を行っていたそうだ。さらに、切り倒した松の根はそのままにしておくと「松ヤニ」が固まり、「ジン」と呼ばれる多少の雨では消えない燃料となった。公民館や個人宅ではこの「ジン」とともに、それを載せて運搬する約三メートルの鉄製の棒と皿でできた「かがり」と呼ばれる道具を水害時に備えて保管していたそうだ。これに関して、大物地区の北村和夫さん（一九三五年生）の語りを紹介しておきたい。

その話はおじいさんから聞いたことがあるけれども、前の公民館に「かがり」っていうのがあった。鉄でできていて、皿の端から高さ三〇～四〇センチ（メートル）にツルをまげたようなものを入れてな、二か所。四〇センチ（メートル）ほど上に吊元を作って、すぐここで燃えるから、一〇センチ（メートル）ほどあげたところに、今度は棒を持つようにした。昔は公民館にな、三丁か四丁置いてあった。公民館に用意しておいて、持って行った。切れた堤防のところにも松をたくさん生やしておいてんやんか。なぜ砂堤防に松をはやしとらんといかんのかなと思ったら、それはもの凄く大事なもんやったんだって。なぜかといったら、松の木のこん位の木を根っこから切ってな、半分、三分の一ほど残して倒すんや。ほっと、堤防にその松の木がべたっとくっ付きおるやろ。そしたら直接水が洗わんなへんやん、堤防を。全部切ってしまったら流れてしまうさかいに、コケるような状態にしておいて、自分の根っこに待たせるんや。ほんでそういう賢い知恵を昔の人はあったんや。自然にそういう事をしてはったわけや。

さらに、大物集落を通る西近江路（北国海道）から湖岸に向けて延びる道沿いの住宅では、緩やかに比良山に向けて傾斜する土地にあるため、八〇代の女性によると、雨のなか、おじいさんさんが道に沿って土盛りを行うことで、敷地内に水や土砂が入るのを防ぐ対応をしていたことをよく覚えているという。

また、水や土砂が流れてくる山側や道路側の多くの家屋には石垣が造られていたそうで、これが個人による水害対策であったことも『木戸の里――歴史めぐり』にも記されている（志賀町立木戸小学校 一九七四）。これらの語りから、地域の人々が集落として、または個人として、頻繁に起きる水害や土砂災害にいかに対応していたのかをより身近なこととして知ることができる。

ところで、大物地区を含めた周辺地域では、いま百間堤の存在や災害をめぐる歴史が、地元の地域教育および防災教育に取り入れられている。例えば、地元の小学校四年生の地域教育の授業に百間堤を通じて災害や地元の歴史を学ぶプログラムが組み込まれている。このとき、子どもたちのガイド役を担っている北村儀男さん（一九四九年生）は、地元での伝承や資料を整理し、子どもたちに先人の努力と知恵の結晶である百間堤や水路を案内し、彼らが百間堤を地域の誇りと思って継承していってくれたらと願っている。

また、近年では、地元の幼稚園でも現地を訪問したり、紙芝居を通して百間堤について学ぶ取り組みも行われている（滋賀県大津市立志賀北幼稚園 二〇二二、図2-5）。

なお、自治会では、定期的に百間堤の草刈りを行っており、集落を守る堤を地域住民および住民以外が訪れることができる環境を維持する努力をおこなっている。

3　大谷川沿いの荒川堰堤・保安林とシシ垣

次に、百間堤のある四ツ子川が合流する本流大谷川沿いの集落である荒川地区をみていこう。この大谷川も江戸時代以来、多くの被害をもたらす河川であった。荒川地区に残されている区有文書を確認すると、一六一五（元和元）年、一六四三（寛永一九）年、一六九五（元禄八）年と、一六〇〇年代に三度の「荒川出水」が記録されている。一七〇〇年代にも「水込み」や「大雨」、

図2-5　百間堤を訪れる地元幼稚園の子どもたち（2022年、深町加津枝撮影）

そして数度の「堤切れ」が確認できる。

ところで、一八七三（明治六）年に作成された「荒川村地籍図」（大津市歴史博物館蔵）には、集落の北側に位置する大谷川に沿っていくつもの堤が描かれている。例えば、大石堤八八間（約一六〇メートル）、石堤二〇間（約三六メートル）や砂堤六〇間（約一〇九メートル）などが並んでおり、それぞれに「字湯口下」や「字八丈」などの場所が付されている。さらに大谷川沿いに二本または三本の堤が描かれている古地図もあり、二本目の堤には「受け堤」との記載もみられる。

これらの堤がいつごろから築造されたかについては明らかではないが、一六九四（元禄七）年、

荒川村から幕府代官（大津代官小野宗清）宛てに出された石堤普請の願書の控えが残っており、そこには、上流から九〇間と、二つの四〇間の堤である合計三つの石堤が示されている。さらに後年、一八六八年の荒川村大谷川石堤絵図になると八つの石堤と二つの砂堤に増えており（図2-6）、時代を経るにつれ、新たな堤の築造や修復に関する普請願いが出されていたことが分かる。裏を返せば、荒川村においても幾度となく発生する水害の被害を受け、堤の破損と修復・増築を繰り返していたことが読み取れよう。

荒川堰堤の実態把握

湖西道路（湖西バイパス）より山側から大谷川沿いに約八六〇メートルにわたり、地元では「荒川堰堤」と呼ばれている堤が残っている。湖西バイパスの側道から山林のなかをみると、高く積まれた石垣を二か所で確認することができる。江戸時代以来、何度も修復を行っているため、現在みえる古い石堤がいつの時代の築造物かは明らかではないが、石積みの工法をみるに江戸時代の絵図に描かれている石堤であると考えらえる。場所によって二段や三段になっていて、高さは集落側で

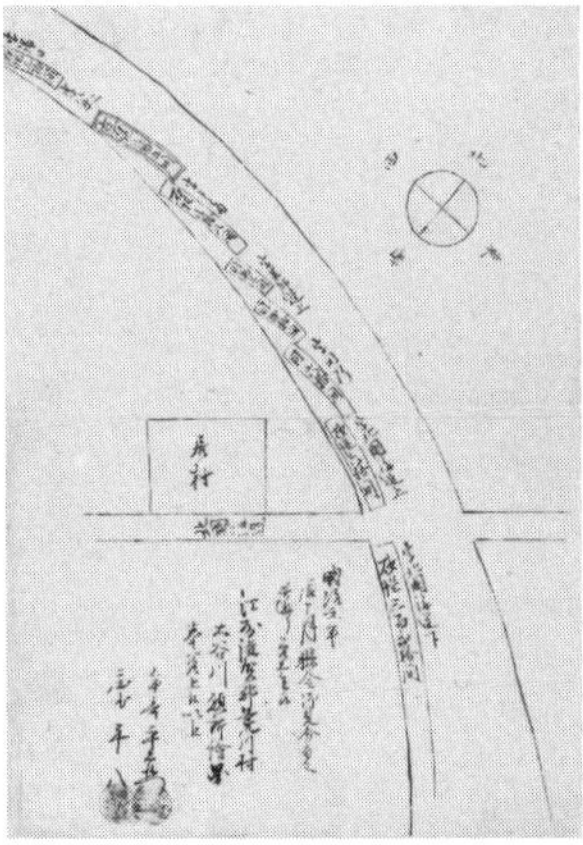

図2-6　荒川村大谷川石堤絵図（1868年）

出所）荒川共有地管理組合

図2-7　荒川堰堤（2022年、落合知帆撮影）

二〜七メートル、幅は確認できる範囲で一〜五メートルと場所によって大きく異なる（図2-7）。石堤を確認するとほとんど乱積みや野面積みといった工法によって積まれている。興味深いのは、造られた年代によって石積みの工法や形態が異なる点である。

大谷川の上流には、一八五五〜六〇年（安政年間）の洪水氾濫で大きな被害が出た箇所がある。さらに、一九三五（昭和一〇）年に当地域に大きな被害をもたらした水害によって、この堤の一部が破損し下流の集落まで土砂が流れ出し、荒川集落を囲むシシ垣を破壊し、水や土砂が田畑に流れ込む被害が起きた。このため、同年に集落住民七五人の参加による堤の修復が行われており、荒川公民館にはその様子を捉えた写真が残されている。このとき、築造された堤は、その他の堤と形状が異なり、丸みを帯びた「かまぼこ」型で高さ六メートルを超える石積みが約二八〇メートルにわたって続いている。これは明治時代以降に導入された工法を用い、行政の指導の下で新たな堤の築造が行われたものと考えられる（図2-8）。

近年、荒川共有地管理組合によって荒川堰堤の上や周辺に生い茂っていた木々の伐採が段階的に行われるようになった。地元住民には石堤を守るためにも維持管理が必要だという認識が共有されている。

土砂災害に備えたシシ垣

荒川地区には集落を囲う「シシ垣」と呼ばれる獣害除けの石垣がある。シシ垣は一七〇〇年代後半から比良山麓地域各村で築造されてきた。先に述べた一九三五（昭和一〇）年水害時、破堤した箇所から大量の水や土砂が押し寄せたことにより、シシ垣の一部が破壊され、集落内に土砂が流れ込む被害を受けた。このため、堤の工事と同時期に、シシ垣を土砂災害にも耐えられるように高い所で約二メートル、また幅も一～一・五メートルと強固なものに作り直す工事が行われた。また、シシ垣の数か所には「ひ」という門柱が設置されており、かつては、雨が降り続き災害の恐れがあるときには、板状の木材を数枚重ねて差し入れることで、水や土砂が集落内に流入するのを防いでいたそうだ（高橋 二〇一〇）。

図2-8　1935年に築造された堤
（2022年、落合知帆撮影）

ところが、このように土砂災害対応としても機能を有した山と集落を隔てていたシシ垣は、その多くが道路の拡張工事や住宅開発によって壊され、その一部が山林のなかにひっそりとうずもれている。その一方で、荒川地区では現在でもこのシシ垣が集落を囲い、その上には金網のフェンスが設けられ、現代のイノシシ、鹿よけとしての役割を担っている。

荒川地区の住民による伝統的な対策

荒川地区の古老への聞き取りによると、地域住民は水害・土砂災害に備えいくつもの対策を取っていたことが分かる。荒川堰堤と集落の間には森林が広がっているが、ここは現在保安林に指定されている。この森は大谷川の堤を超えて流れて来る水や土砂を止める、またはその威力を抑える役割を果たしている。

また、当地では「石もっこ」または「砂もっこ」という藁などで作られた平面の四隅につり綱を二本つけた運搬用具が集落の小字ごとに作られ、必ず正月の三日にその状態や総数を互いに確認する「モッコシ」と呼ばれる習慣があった。災害後に石や砂を運ぶための備えとして行われていたそうである。荒川地区の山村一夫さん（一九三四年生）の語りを紹介しよう。

ここは昭和何年までやったか知らんけど、川が流れたら工事せんなんならんさかい、石を担ぐ石モッコっていうて、石を運ぶやつと砂を運ぶ（砂モッコ）という二つの種類を作っていた。正月の三日に三つの組で作ってはった。組ごとにいくつかは新しいのを作って、非常用に作っておいた。すぐに使えるように準備は必ず。ここらあたりではモッコシというて、石モッコは三つとか、砂モッコは五つとか、いつも確保してはったんや。

さらに、かつては大きな雨が降ったときには、「川原行き」といって、男性が川原の様子をみに行く習慣があった。集落北西側の大谷川より氾濫することが多かったため、北側に住居がある住民、とくに女性や子どもは、何を置いてでも南側や浜にすぐに逃げるように伝えられていた。また、同地区萬福寺鐘撞堂には、水害時の鐘の鳴らし方を示した板が残されており、これによって水害の危険を集落住民に伝えていたという。再び山村さんの聞き取りを紹介しよう。

（水害は）ずっと、何年も、何回もある。一〇年に一辺くらいは流れることがあったらしい。ほいでに、私ら年寄から聞いているのだと、とにかく雨が降って、昔は茅葺やわな、茅葺の屋根に雨が降って、その雨の雫が下の地面までつかえたら、川原行きせんなんならんて。川原行というのは、川に水が流れてくるので危ないさかいに、みに行きはることやな。（そして家族は）避難せいということやわな。普段は（雨が）トントン落ちるけど、続けざまに下に落ちて小一時間流れたら、川原行きということ。（集落内には）親戚がありますやろ。ですから私ら子どものとき、私は（昭和）九年に生まれてるさかい、そのときに、私のひいおばあさんになる人の家に避難したといっていましたよ。今、ここが万福寺ですやろ。これからこっち（北側）は全部こっち（南側）に避難してるんです。これをしっかり境にして、こっちに。寺のこっちは高いさかいに、一番高いらしいです。

このように荒川地区で伝統的に行われてきた水害・土砂災害対策や自らの避難経験談のなかには、茅葺の屋根から地面に落ちる雨の状態を、避難行動を開始する目安にしていたり、地域の地理や勾配を把握した上で避難場所を決めていたりと、我々がいま学ぶべき知恵や知識も多く含まれているのである。

4　災害をめぐる伝統知の継承にむけて

本章では、大物・荒川地区における水防対策を紹介してきたが、両地区では、水害や土砂災害から集落を守るため、河川沿いに堤を築造し、さらに保安林、シシ垣や住宅周りの石垣など、多重防御の仕組みが構築されている。さらに、比良山麓地域の各地区にはそれぞれに地形や地質、河川の状態などの特徴を地域住民が十分理解した上での様々な対策や災害の記録が集落内に埋め込まれている。例えば、木戸地区は他の地区とは地質が異なるため、大水で川上から流れてくる硬い大きな石が、護岸べりに溜まらないよう、長い棒を使い川の中心部に押し入れるといった対策をしていた。また、土地の傾斜が急峻な北船路地区では、山道に流れる雨水を山林に流すため、薪や枝をまとめた上に盛り土をする溝切りを数メートル間隔で作るという対策を取っていた。

北比良地区の福田寺の門前にある石垣には、この地域でよく知られる一八九六（明治二九）年の琵琶湖大洪水以前の、江戸時代の浸水被害が記録されている。また、南小松地区ではかつて水害を知らせる半鐘が川沿いに設置されていたり、荒川地区の萬福寺の半鐘の叩き方を変えることで住民に危険を知らせる仕組みを作っていたりしたという。

日本の多くの地域では、歴史的に災害を受けた経験があり、そこから護岸や砂防ダムの整備、またシシ垣のような多様な構造物による対策が取られてきた。そして、そこに住む住民たちも災害への対応を各家庭で準備したり地域全体で工夫したりと、その教えや教訓を次世代に伝えてきた。これらの対策は、地域の地理、地形、河川の状態、利用可能な資源など、地域の人々がそれらの特徴を十分に理解・把握し何年にもわたって作り上げてきた知識と知恵の結集でもあるといえる。集落に残る災害に関係する構造物や語りに加えて、年中行事のなかの防災といった視点で、伝統知・地域知を見直し活用することで、これまで災害を経験していない世代にも、災害への備えの重要性や具体的に危険の可能性が高い場所を共有することができる。

古地図や古文書の読み解きを専門とする歴史学は、我々に江戸時代以前から明治・大正時代の地域状況や人々の暮らし、災害対策を教えてくれる。そして、そこに地域住民を対象とした聞き取りや現状確認を専門とする社会学が加わることで、昭和期から現在まで続く地域活動や実体験といった生の声が合わさり、より多くの気づきや発見が生まれる。

近年、想定外の降雨やそれに起因する土砂災害などが各地で発生しているが、これらに対応するためには、地域に受け継がれてきた災害に関する伝統知・地域知を保全、記録していくこと、そしてそこからの学びを学校教育や地域活動の場において広く共有することで災害対策をもう一歩前に進めることができるだろう。

参考文献

大津市歴史博物館　二〇一八『村の古地図――志賀地域を歩く』企画展冊子
大津市歴史博物館　二〇二三『湖都大津の災害史』企画展冊子
落合知帆　二〇二二「地域リポート：比良山麓の石文化を訪ねて――JR志賀駅を起点として」『土木学会誌』一〇六：七、八四―八七頁
落合知帆・渡部圭一・高橋大樹　二〇二三「比良山麓における伝統的水防対策と地域住民による防災活動」総合地球環境学研究所編『地域の歴史から学ぶ災害対応――日本各地につたわる伝統知・地域知』一一二―一二一頁
滋賀県教育委員会　一九六八『国道161号線バイパス・湖西道路関係遺跡調査報告書Ⅲ　木戸・荒川坊遺跡こうもり穴遺跡』滋賀県教育委員会・滋賀県文化財保護協会
滋賀県大津市立志賀北幼稚園　二〇二二「「ふるさと志賀」を生かし「科学する心」を育てる――私たちが暮らすまちには、私たちが大切にしたい風景と暮らしがある」（琵琶湖と比良、自然の価値を生かす実践カリキュラム）
滋賀県大津市林業事務所編　一九九五『志賀町大物地先 四ツ子川の「百間堤」（先人たちの築いた歴史資産を訪ねてNo.1）』
志賀町立木戸小学校　一九七四『木戸の里――歴史めぐり滋賀の昔はなし』
志賀町教育委員会編　一九八五「大物の百間堤」『志賀町むかし話』一三五―一三六頁
志賀町史編集委員会編　一九九九『志賀町史』（第二巻）、滋賀県志賀町

総合地球環境学研究所編　二〇一九『地域の歴史から学ぶ災害対応――比良山麓の伝統知・地域知』
総合地球環境学研究所編　二〇二三『地域の歴史から学ぶ災害対応――日本各地に伝わる伝統知・地域知』
高橋春成編　二〇一〇『日本のシシ垣』古今書院
高橋大樹　二〇二三「百間堤――江戸時代の土砂災害と防災と暮らし」成安造形大学附属近江学研究所編『近江学』一四、六八―七四頁

第3章　里山の災害と村内階層

東　幸代

1　近世の里山

比良山麓地域の災害

環境問題への対応として、里山の保全に注目が集まるようになって久しい。近年は歴史学の分野でも、環境史研究の一環として里山をめぐる人と自然との関係などが検討されるようになってきている（水野 二〇一五ほか）。

本章では、近世の人々の災害対応を、比良山麓地域の里山に注目して検討する。『志賀町史』には、近世の比良山麓地域に共通してみられた災害として、①日照りによる用水不足、②琵琶湖の増水による田地の水損、③大雨による川の決壊、④猪鹿による被害の四項（以下「災害①」「災害②」

「災害③」「災害④」）があげられている（志賀町 一九九九）。いずれもこの地に暮らす人々の暮らしを大きく脅かす災害である。

本章の舞台となる木戸村（滋賀県大津市木戸地区）に残された一七二七（享保一二）年作成の絵図（図3-1、「木戸地区文書」。以下、「木戸」と略記する）でも、これら諸災害の痕跡が確認できる。この絵図は、西の方角を上部として描かれており、下部が琵琶湖、右が北にあたる。中央白彩色の部分が集落部である。その西に、多くの山容が描かれ、山名が記されている。これらは、木戸村の利用にかかる山々である。

絵図の右下部にみられる凡例には、「水損」および「日損」の文字がみられ、実際に「水損」田が集落部より北の琵琶湖側に、「日損」田が集落部より南にみられ、まさに災害①②が木戸村を脅かしていたことがうかがえる。

災害③④については、作成年は未詳ながら近世絵図と考えられる別の絵図（図3-2）で確認したい。この絵図も、図3-1と同様に西を上部としている。「打見谷川」（現・木戸川）の下流両岸が「荒」とされ、大雨の影響などによる川の決壊の痕跡と考えられる。災害③の痕跡である。ちなみに、この絵図中の琵琶湖岸に目を転じると、ここにも「荒」という文字がある。琵琶湖の水位上昇によって、つねに水がつき、耕作が不可能となった土地である。災害②の痕跡である。また、図内には南北方向に一直線に走る灰色の直線が描かれる。編み目のような表現のこの直線は、石材を組み合わせたシシ垣である。ここに災害④への対応が確認できるのである。

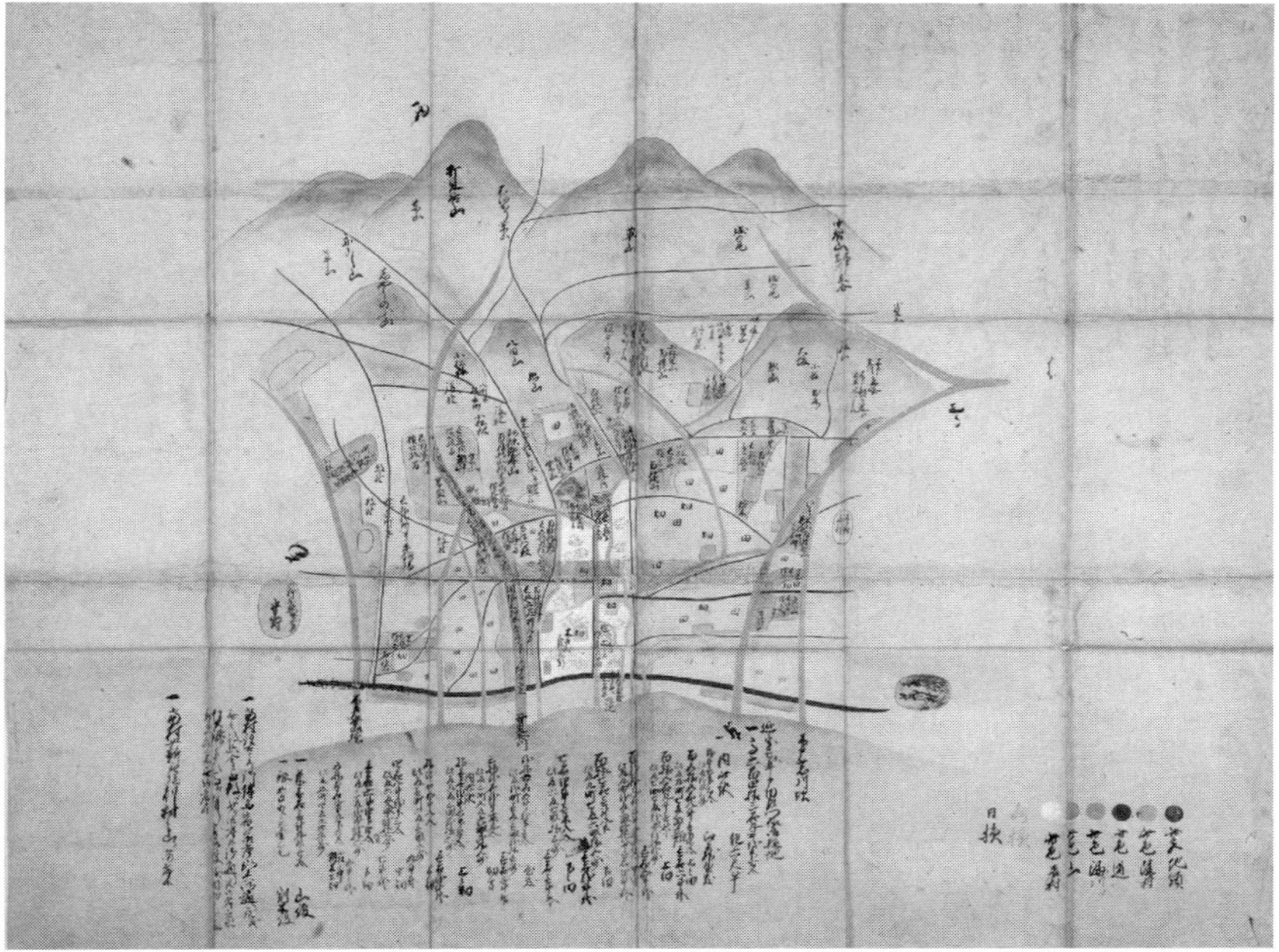

図3-1　1727年の木戸村絵図

出所）木戸地区文書

里山の植生と利用主体

先述の諸災害は、それぞれ日照り、増水、大雨、獣類を原因としており、自然災害というほかない。しかし、近世社会では、人々が自然に対して不断の働きかけを行っており、一見したところ自然災害にしかみえない災害の背景に、人間の諸活動の影響がみられる場合がある。人々の生活に密接に結びついた里山という空間は、まさに継続的な働きかけがなされる場であり、その様相を、改めて図3-1で確認したい。

まず、植生をみる。それぞれの山にはいくつかの注記が入っているが、そのなかには大まかな植生が書き込まれている箇所がある。大きく分けると「草山」と「柴山」である。近世の草山とは、一般に、農地の肥料としての草肥を調達したり、牛馬の秣を調達したりする場として利用された山のことである。一方、柴山とは、燃料となる柴を調達するための山である。ともに、生活に必要な物資として、この地で暮らす人々の暮らしを支えたであろう。こうした山利用のあり方は、これらの山々が木戸村にとって重要な空間であったことを示している。

「柴山」の書き込みの脇には、「小松」「中松」「雑木」などの記載がみられ、松を中心とする灌木が叢生する景観が広がっていたことが想像できる。明治初期に作成された「滋賀県物産誌」の木戸村の項には、「山地」として「柴等茂生す、伐りて薪となす、しかしてその景況古今異なることなし」とあり（滋賀県 一九六二：七三）、同様の景観が明治初期まで持続していることがうかがえる。

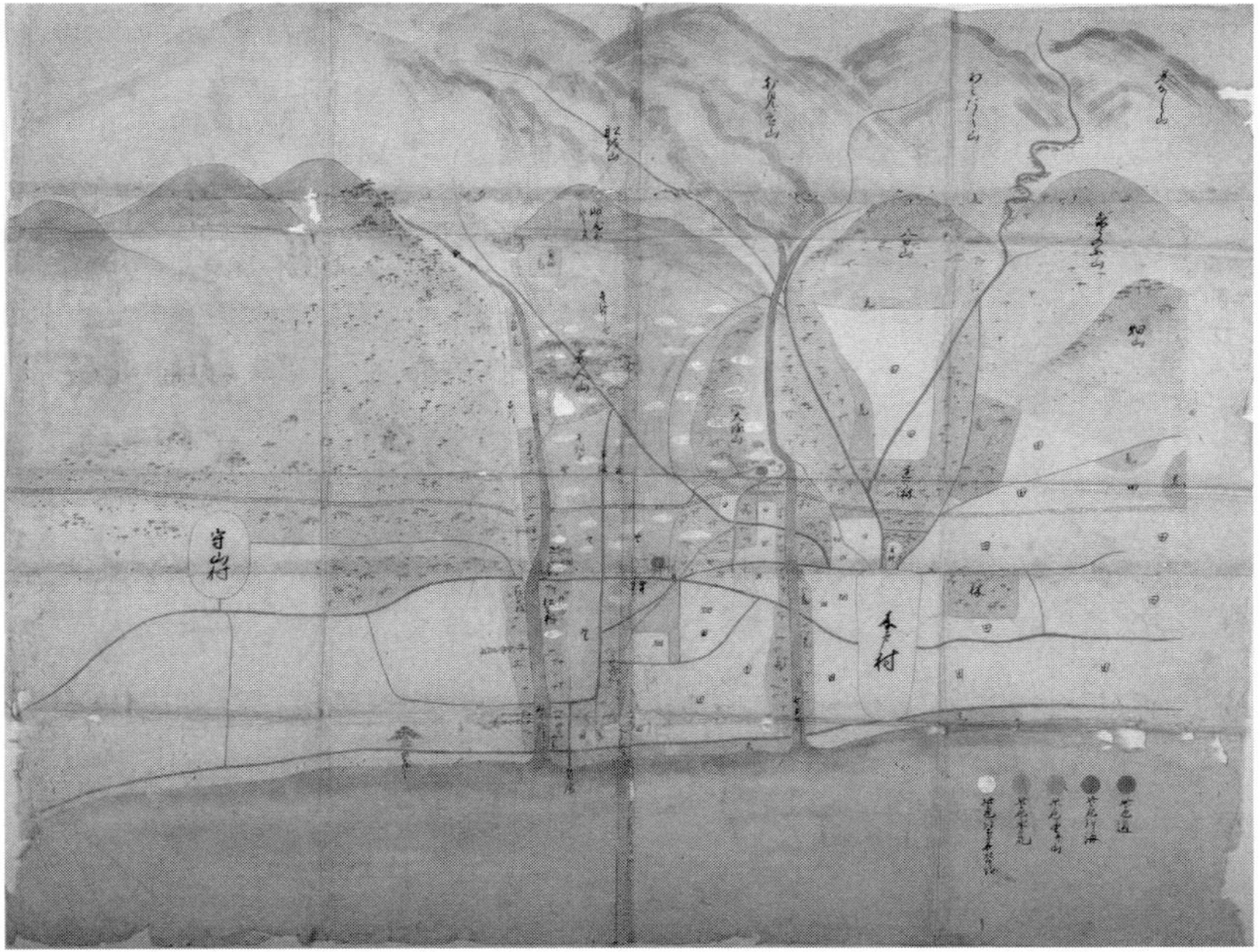

図3-2　年未詳の木戸村絵図

出所）木戸地区文書

また、「林地」の記載もある。ここには「松柏多く繁茂す、伐りて薪となす、しかしてその景況古今異なるなし」という説明がある（滋賀県 一九六二：七三）。集落部に近い林も、薪調達のために利用されていた。

次に、植生以外の情報に着目する。各山には、「木戸 荒川 立会」など、隣村の荒川村（荒川地区）との共同利用の状況や、「惣山」「百姓持山」など、利用主体を記す書き込みもみられる。また、別の史料には、「公儀御留林」として、「連歌山」と「樋口山」がみられる。木戸村では、個々の山ごとに、利用の主体が区別されていたのである。

2 村内階層と山の利用

村人の階層性

人間の働きかけの過重や、通常とは異なる資源利用による環境の変動によって発生する災害を考える前提として、木戸村の人々の山利用のあり方をさらに掘り下げてみる。

近世の木戸村の山利用の状況が史料上で明らかになるのは、一八世紀初頭の正徳年間である。一七一二（正徳二）年一〇月、村内の一三人の「脇百姓」が、「本百姓」に対して待遇改善要求を開始した。この争論は、一七一五（正徳五）年六月に、領主による裁許がなされて決着がつくが、被告にあたる本百姓の主張によると、木戸村の山利用のあり方は、村内階層のあり方と密接に関係していた。

一連の木戸地区文書によると、当時、木戸村には「本家」と「脇百姓」という村内階層が存在した。「本家」は、別の史料には「本百姓」と記されている。近世の本百姓とは、一般的に村内に田畑・屋敷を持ち、検地帳に記載され、年貢納入の責任を持つ百姓のことをいう。木戸村でも同様の意味で用いられていたと考えられる。また「脇百姓」とは、「小百姓」とも表記される人々で零細な百姓であった。当時の村内戸数は一三〇戸であり、本百姓は五七人で、それ以外の半数が脇百姓であったという。

本百姓によると「昔から本百姓と小百姓との区別があり、諸役人等も本百姓の内からつとめている」とあり、村役人は本百姓がつとめることが通例であった。本百姓と脇百姓には厳然たる区別があったのである（「木戸」）。ただし、本百姓と脇百姓の区別は、永久的なものではない。本百姓の身上が衰えた場合は「脇百姓並」になったというし、脇百姓が本百姓に入る場合には、金銭の納付が必要だったということも記され、長期的にみると両者は流動的な関係にあったことが分かる（「木戸」）。

この争論の争点は、年貢算用の方法など多岐にわたる。そのなかに、本百姓が有していた里山の利用権をめぐる問題があげられている。脇百姓によれば、「五拾七人（＝本百姓）」は、村の惣林の立毛を独占したり、村中の立林を独占したり、山から石を引き出す日用を独占したりするなど、かって（あくまでも脇百姓の主張によるが）村中が全員で受益していた山の利用のあり方を、脇百姓に不利なように改変しているという。一方、本百姓側は、それらは古来よりの慣例であると主張する。両者の主張は真っ向から対立するが、少なくとも正徳段階では、山利用に関して本百姓が圧倒的に有利な立場にあったことは明白である（「木戸」）。

家役と山の利用・管理

脇百姓が「五拾七人」の問題を訴えた訴状に対して、本百姓はこの「五拾七人」を「家役之者」と呼び変えて脇百姓側の不当を訴える反論書を作成している。そのなかに、「家役之者」が、「家役山」をもっていたことが記されている。図3-1に「百姓持山」という表記がみられることを先述したが、これが「家役山」に該当する。脇百姓の利用を許さない、本百姓のみに利用権が認められた山が存在したのである。

一七一三（正徳三）年八月の「木戸家公事文書」（以下「家公事」）によれば、家役山は村内に七か所あったことが分かるが、それぞれの山は家役を構成する全員によって利用されていたわけではなく、年齢階梯集団ごとに利用されていた。それらは順に「上老人」「中老」「三老」「間之者」「弓構（講）」である。本百姓は計五七人であるが、上老人は八人定員、中老が一〇人でこれらは固定数である。また、三老は一二人の定員である。間之者は人数不同で「竈役（かまど）」とあるので世帯を単位としているようだ。この下には弓構があるが、こちらは一五人が定員で、三九歳になると間之者になる

表3-1　木戸村の家役

	人数	補充方法	役料（山名）	役割
上老人	8人	欠けると中老より補充	山之神	毘沙門石像をまつる
中老	10人	欠けると三老12人より補充	後野山	持高境目論、持林の枝木みだり伐採の見分
三老	12人	欠けると間之者より補充	ひらやすま	山稼ぎや田畑の道筋のみだり吟味
間之者	人数不同	竈役	ここざか山・嶌之山・守山小場	祭礼時に五箇村が木戸村に寄り合う節、みだり吟味
弓構	15人	39歳になると間之者になる。30人の子供のうち年重の者をつかわす。	大塚弓構山	田畑を荒らす猪狩の際の追い出し

注）木戸家公事文書を参考に東幸代作成

という。注意したいのは、弓構は「三拾人」の子どものうち年重の者から出るという記載である。三〇人の者とは、八人（上老人）と一〇人（中老）、そして一二人（三老）の計三〇人ということではないかと推察される。そうであるならば、特定の三〇家が、弓構→間之者→三老→中老→上老人の順に上昇をとげ、三〇人以外の二七人は、間之者として一生を終える可能性がある。ただ現状では、三〇人の家筋が完全に固定されていたか否かの確認がとれないため、この点については今後の検討課題としたい。

表３−１は、各集団の情報をまとめたものである。この争論の過程で判明する上老人の惣代は、「浄味」や「浄玄」など法名を名乗っており、老齢であることを感じさせる。「補充方法」の欄にみられるように、上老人を頂点として年齢が上昇していくことが理解できよう。また「役割」の欄にあるように、それぞれの集団には特定の役割があった。重要なこと

は、各集団の役割にたいして役料が与えられており、その役料が特定領域の山の占有利用権であったことである。

具体的には、表3―1の「役料」の欄にあるように、上老人は「山之神」、中老は「後野山」、三老は「ひらやすま」、間之者は「ここざか山・嶌之山・守山小場」、弓構は「大塚弓構山」を利用していた。木戸家公事文書中の絵図には、これらの山に「家役持山」と注記されている。

また表3―1をみると、各集団の役割のなかに、山林の管理と、そうではないものがあることに気がつく。上老人は毘沙門像という信仰対象を守護する役割であり、山林の管理には直接の関係がない。間之者は、祭礼時に五か村が木戸村に寄り合う際の治安の維持を役目とする。五か村が集う祭礼とは、現在も例年五月五日に実施されている「五箇祭（ごかまつり）」であろう。この祭礼は、木戸村に位置する樹下神社を氏神とする北船路村・守山村・木戸村・荒川村・大物村（木戸五か村）による、いわゆる郷村祭礼である。間之者の役割は、山林の利用とは直接の関係はないが、役料については三か所の山の占有利用権が与えられているのである。また、弓構は山の管理ではなく、獣害対策を役目とする集団である。冒頭にあげた災害④への対応である。

このように、山林の管理を担っていたのは中老と三老で、中老に関しては二つの役目がある。一つは「村中持高境目論」、もう一つは「面々持林等の枝木について、みだりに切り取りなど仕る」際に、立会見分を実施して、違乱なきように処理するという役割である。耕地や山林を含む土地の境界の管理と、枝木のむやみな伐採の取締である。山に関していえば、山林資源の乱伐を監視する役割といえる。三老は、村中の者が山稼ぎをする際の道や、田畑等の道をみだりなきように監視する役割を負っており、道に対する責務を負っていた。勝手な山道の利用は、田畑や山林の荒廃を招くのであろう、山を荒らさないための役目である（「家公事」）。

このように、家役によって山が占有利用されていることをみたが、山の下地（土地）はあくまでも村のものであり、占有利用者は立毛刈取権を有するのみという位置づけであったようだ（「木戸」）。その上で、家役は、日常の秩序からの逸脱を取り締まる機能を有していた。山の利用の監視は、山の植生を安定させることにつながる。一種の災害予防対策とも評価できるだろう。

3　災害と幕藩領主

木の根掘り取り禁止と植栽奨励

木戸村の通常の山の管理は、家役の構成員の役目とされてきたことをみたが、予測できない自然災害への対応は、その役割には含まれていなかったといえる。しかし、木戸村に限らず比良山麓地域は、冒頭に記したようにつねに複数の災害リスクをかかえていた。とくに、災害③の大雨による川の決壊は、大きな問題をはらんでいた。当該地域の諸河川は、古文書に「石川」などと表現されることが多く、石や土砂を押し流すことが恒常化していたのである。このため、河川の決壊が土砂の大量流出を招くことがままあった。

現在でも、比良山麓を流れる河川のほとんどは、土石流危険渓流とされている。もちろん近代以降、砂防工事や河川改修が進み、災害の危険性は軽減されている。一方、近世は、防災・減災用の構造物として自然材しか利用できなかった時代である。

近江国に限らず、一七世紀の畿内近国（特に山城・大和・河内・摂津・近江国）では、広域的に山地荒廃がすすみ、淀川・大和川水系の土砂流出が進行していた。その原因は、草や木の根の盛んな掘り取りにあったとされる（水本 二〇二二）。

流出土砂は水行を妨げ、各地に被害を及ぼした。江戸幕府は、こうした被害を食い止めるために、広域土木行政を担う土砂留め奉行をおくとともに、一六八四（貞享元）年から数度にわたって、木の根掘り取り禁止と植栽奨励、土地利用の改変を命じている。田地を守ることは百姓の暮らしを成り立たせることにつながる。比良山麓地域に対しても、こうした江戸幕府の動きを背景に、土砂対策が命じられている。

一六九四（元禄七）年、大津代官小野半之助は、木戸・荒川・大物村（大物地区）に対して、次のように触れた。「百姓惣山や持山、持林から土砂が馳せ出し、田地の障がいになるので、以前から木の根を掘り取ることを禁止している。この旨を守るように」。また続けて、「竹木を植えることで砂留になるところは、農作の手透きの際に村で土地に合った木苗を植えつけ、土砂が馳せ出さないようにすること」をも命じている（「木戸」）。領主は、田地を守るために、木の根や木苗といった植物による崩壊防止機能に期待を寄せているのである。災害に対する予防的対策といえよう。

こうした対策以外にも、領主層が対症療法的に土地利用の改変を村々に命じることもあった。一六七四（延宝二）年に木戸村と荒川・大物村との間で発生した、草場をめぐる争論から、それをうかがうことができる。三か村は、立会（入会）の草場をもっていた。そのなかに、字「すすみ」という場所があったが、ここは木戸村と荒川村の用水の井口であった。一六七四（延宝二）年から遡ること四～五〇年前、この井口が大水で切れ、木戸村の田地が被害にあったとき、当時の領主は「すすみ」を「永代林」にし、草は三か村入り会いで刈り取ってもよいが、「川除林」の木柴はいっさい刈ってはならないと命じた（「木戸」）。「川除林」とは水防林のことである。被害地を水防林に改変し、防災・減災機能を持たせようとしたのである。

「御普請」の実施

もう一つ、領主層が防災・減災のために実施したのが、川除普請、すなわち水防のための河川の普請（土木工事）であった。これには、川浚えや堤の修復などが含まれる。もちろん、木戸村に武士たちがやってきて普請を行うわけではない。領主は村の人々が行う普請の費用負担をするのである。

木戸村の南側には、打見谷山を水源とする打見谷川が流れている。この川も、この地域の例にもれず「荒石川」や「石川」と表現された川で、大雨の際には土砂流出がみられた。そのため木戸村には、一七〇七（宝永四）年の「木戸村亥春御普請帳」など、川除普請関係の古文書が残されている（「木戸」）。ここには、打見谷川の川浚えに必要な人足延べ一五五六人分の経費が記されており、領主が普請費用を負担していることが分かる。このような領主主体の普請を「御普請」と呼ぶ。一方、費用を村で調達する場合の普請を「自普請」というが、木戸村は後年になって、打見谷川の川浚えを自普請で行っている。これは木戸村にとっては不本意であったようで、一七四五（延享二）年には、自普請では川浚えが不十分であり、御普請を命じてほしいとの旨を領主に訴えている（「木戸」）。

水害や土砂災害の危険性があるため普請を行わざるをえないが、費用が問題になっているという状況は、木戸村のみならず比良山麓地域の村々に共通していた。また、河川の普請は災害対策のみならず、村の生産力を維持していく上でも必要不可欠であるが、普請費用を誰が負担するかは全国的にも多くの村々で問題とされた。

4　採石と災害

木戸石と採石場

領主による防災・減災対策が進められる一方で、木戸村の側でも対応がとられた。川除普請の実施の他に、先述の字「すすみ」の川除林の維持などがはかられたのである。ただ、村による防災・

減災対策は、大雨など自然環境の影響のみならず、様々な人的圧力によって妨げられることもあった。「すすみ」をめぐっては、防災機能減退のために禁止されているはずの木柴刈りを、荒川村が故意に行ったことによる争論などが発生している（「木戸」）。

このように、通常の山林利用秩序の逸脱は家役によって監督され、また土砂災害への対応は幕藩領主によって担われてきた木戸村であるが、時代が降るにつれて、災害の様相はより複雑になっていった。村人の生業保障と災害予防とのせめぎ合いがみられるようになるのである。

木戸村には、山から石をとって暮らしを成り立たせていた村人が存在したが、「木戸石」と称されるこの地の石は、近世初期から名産品として知られていた。一六四五（正保二）年刊行の俳諧書『毛吹草』には、「木戸石　切石にこれを用う」という記載がある（松江 一九八八：一七二）。また、一七三四（享保一九）年に完成した『近江輿地志略』には、「庭石　これも木戸村の出すところを可とす。仮山泉水を好むものはなはだ愛す」と記されている（寒川 二〇〇二：一一七八）。木戸石は一種のブランドになっていた。

先述のように、正徳年間に脇百姓と本百姓の間で争論が発生した際には、「惣村山」から両者が「石を引き出し」ているとの記載がみられ、採石は本百姓と脇百姓の双方が従事できる職であったことがわかっている（「木戸」）。採石業は家役とは別の論理で人々が動いており、家役による通常の山林の管理とは別であったといえる。

後述する一八三一（天保二）年の史料では、石職は「前々は川筋や山稼ぎの差し支えにならない場所」で「石を切り出し」ていたという（「木戸」）。ある絵図（「木戸」）には、木戸村を流れる打見谷川と守山村（守山地区）を流れる「ぬり川（現・野離子川）」との間に、「往古より石取りそうろう跡」が描かれており、たしかに川筋や山稼ぎを妨げない、琵琶湖に比較的近い場所で採石されていたことが分かる。

生業のせめぎ合い

ところが、一八三一（天保二）年二月に、百姓と石職との間で、採石の場所をめぐる争論が生起する。百姓が領主に対して提出した願書では、当時、だんだん石職が多人数となり、最近では打見谷へ入り込み掘り崩すようになっているというのである（「木戸」）。打見谷とは、打見谷川の上流の谷を差す。石職らが、石を求めて川の上流へ上流へと入り込んでいる様子がうかがえる。時代が降るにつれて、これまでとは異なる山利用のあり方がみられるようになるのである。

打見谷川は、先述のように「石川」と記されることがある川である。このような川の上流域で採石を行うと何が起こるのか容易に想像ができよう。「雨水ごとに川筋が赤き濁水」となり、飲み水も四、五日濁る。花崗岩に含まれる鉄分が流出して赤水が流れるのだろう。もちろん、大雨のときには「御田地つぶれ」る恐れが出てくる。大雨でなくとも、赤水が田地に入ることで稲草が実らなくなり、土砂堆積のために川筋が高くなる（「木戸」）。こうした諸問題が顕現したのである。

百姓らがいうには、かつて打見谷川筋での採石は、川床の上昇を招き、川除普請場や田地に悪影響を与えた。そのため、一七八九〜一八〇一年（寛政年間）に領主によって禁止されたとのこと。その後の石職は、場所を変えて下流に影響がないように採石していたが、「浮き石」を取り尽くしたため、さらに場所を変えた。その結果、打見谷での採石によって「毎夏雨水ごとに土砂を押し出す」状況になっている。ついては、石職たちに百姓の指示にしたがうように命じてほしい、というのが領主に対する百姓側の願いであった（「木戸」）。こうした百姓の願書を受けて、石職の採石は一旦禁止されたようである。このため「石屋惣代」が、同月に嘆願書を提出している。自分たちは、「石業」の他に生業を持たないし、今まで採石してきた「長石」が採れなくては、商売に差し支えるという旨を主張している（「木戸」）。

　この争論を通して、石職が自由な操業をしていたわけではなかったことが判明する。まず、この争論発生の数年前までは、「御田地用水の節は春秋に際限」があったことが分かる。石職には、農業用水への配慮が求められていたのである。また、村に対する過料として、「槌一丁に三匁」や「浜役として一匁二分」を納め、加えて「山荒は一坪につき四分五厘のところと五分」のところがあり、場所に応じて山荒料を支払っている（「木戸」）。「槌」への賦課は石材を切り出すことへの対価なのだろう。「浜役」は石材を琵琶湖岸まで搬出し、加工、出荷する場所を利用することへの対価、また山荒料は文字通り山を荒らすことに対する詫び銭であると考えられる。

　このとき、石職はいう。必要ならば、「御普請所」の手伝いもするし、従来から支払ってきた山荒料も増額する。その他、百姓の指図次第にするので、採石の継続を認めてほしいと。採石をやめるという選択肢は、彼らにはなかったのである（「木戸」）。

この争論は、同年三月に木戸村内で「事済（内済）」となり、双方が領主に対する訴状を取り下げることとなる（「木戸」）。ただ残念ながら、現段階では具体的な解決方法を示す史料が確認できない。村人たちがいったいどのようにして、農業と採石業という両生業のバランスや、防災・減災と生業とのバランスを図ったのか、知りたいところである。

当該地域が石材を産出する地であることから、土砂災害は大雨を契機とした自然災害の体をとるものの、実際には人災の性格が濃厚であったといえる。近世の災害とは、人々の暮らしの展開のなかで加速した、自然災害と人災との複雑な絡み合いの結果であったといえよう。

参考文献

寒川辰清編、小島捨市註、宇野健一新註　一九七六『新註近江輿地志略全』弘文堂書店
滋賀県市町村沿革史編さん委員会編　一九六二「滋賀県物産誌」『滋賀県市町村沿革史（第五巻）』滋賀郡、二七一―七八頁
志賀町史編集委員会編　一九九九『志賀町史（第二巻）』志賀町
松江重頼、竹内若校訂　一九八八『毛吹草』岩波書店
水野章二　二〇一五『里山の成立――中世の環境と資源』吉川弘文館
水本邦彦　二〇〇三『草山の語る近世』山川出版社
水本邦彦　二〇二二『土砂留め奉行――河川災害から地域を守る』吉川弘文館

第4章　山の荒廃と土砂対応

渡部圭一・島本多敬

1　なぜ砂が問題なのか

変わる里山像

里地里山といえば、一般に、集落とそれを取り巻く二次林、それらと混在する農地、ため池、草原などで構成される地域をさす用語として広く知られている。そこでは農業や林業など伝統的な生業のなかで、人間の働きかけを通じて里山の環境が形成・維持されてきたことが重要視されている。たしかに里山の植生は自然そのままではなく、人の手が大幅に入り、長い期間をかけて二次的に形成されてきたものである。本書が取り扱う近畿地方とくに近江国（滋賀県）に関していえば、里山の植生はアカマツに代表される。

アカマツは様々な利用価値をもつ樹種である。幹は「割り木」と呼ばれる薪材や各種の用材になり、枝や葉は柴（細い枝などを束ねて作る燃料の一種）として価値が高い。落ち葉だけでも炊きつけの燃料になり、林床に生えるマツタケも重要な資源である。ただ、こうしたアカマツに代表される資源が、時代を通して持続的に利用可能なものであったのか、あるいは近江各地の里山のすべてが豊富なアカマツ林に覆われていたのかといった問題については慎重に考えなくてはならない。

じつは近年、歴史学的な視点による研究が進み、豊かな樹木に覆われた「里山」像は大幅な修正を余儀なくされるに至っている。江戸時代から明治時代にかけて、低木程度の植生しかない山、草本類に覆われた山、それらの植生さえ失い裸地が多くなった山など、植生が比較的乏しい環境が広がっていたことが明らかになってきた（水本 二〇〇三：四一、七七）。かつての里山は「はげ山」か、ほとんどはげ山同様の痩せた森林が一般的であったとする見解も有力になっている（太田 二〇一二：四九）。

砂という視点

荒れた山の地表が浸食を受けたときに問題になるのが、土砂の流出である。右に掲げたような低植生に関する研究は、土砂の流出を防ぐ土砂留（砂防）への関心とも関わりが深い。なかでも江戸時代の土砂留をとりあげ、これを推進する領主と村の関わりを考察した水本邦彦の議論（水本 二〇二二）が注目される。最近の林政史の研究でも、近世の土砂留が保安林（土砂扞止林）の前史として重視されている（徳川林政史研究所編 二〇一五：一四、一五）。近世から近代の地域社会における土砂留の痕跡を伝える資料のさらなる掘り起こしが期待される。

砂の問題を象徴するものに「天井川」がある。天井川とは、上流からの土砂供給と人為的な河道の固定により、河床の上昇と堤防のかさあげが繰り返されて形成された、周囲より河床が高くなった川のことをいう。滋賀県の近江盆地は全国有数の天井川の発達した地域であるが、花崗岩地帯を流域とする比良山麓の河川もその例にもれず、山から供給された大量の土砂が異様なほど盛り上がった天井川の地形を作り上げている（滋賀県自然誌編集委員会編 一九九一：一七二）。こうした天井川は水害リスクを高める問題をはらむものでもある。

各地で歴史的に確認されるこうした土砂の流出・堆積にともなう現象は、本書で扱う比良山麓地域では、花崗岩の風化によって生じた「砂」[1]の問題として立ち現れ、人々を悩ませてきた。たえまなく砂を流出させる荒れた山、あるいはその砂を堆積させた荒れた川といった存在は、従来の里山のイメージとは相容れないものかもしれない。しかし本章では、あえて砂という切り口から、里山と人の暮らしを捉え直してみたい。砂という負の要素を通じて、これまでとは別の角度から、里山をめぐる暮らしのありかたを理解することができるはずである。

2　砂をめぐる生活誌

天井川と暮らす人々

大津市北比良は、滋賀県の琵琶湖西岸に位置する村落の一つである。西は比良山地を仰ぎ、武奈ヶ岳（一二一四メートル）や釈迦岳（一〇六〇メートル）をはじめとする峰々が集落の背後に聳え立っている。一方で北比良の東は琵琶湖に面し、山から流れ出した比良川が湖岸に広い砂浜を形成している。こうした地形にあって、比良の山々と湖岸の砂浜をつないでいるのが比良川であり、この川が山から流れ出した砂を湖岸へと供給する役割を果たしてきたのである。第7章でとりあげる近江舞子浜もその一つである。

比良川の源流は比良山地の金糞峠の麓付近にあり、そこから北比良と南比良を区切る正面谷（南の谷）の急こう配を流れ降りてくる。途中で釈迦岳付近に源を発するイン谷（北の谷）を合流し、やや北に向きを変えて、北比良水泳場のあたりで琵琶湖に注ぐ。琵琶湖西岸の流入河川のなかでは比較的大きい扇状地を形成している河川の一つであり、また比良山麓の他の河川と同じように、源流から河口までの流れが一つの村落の範囲で完結しているところに特徴がある。

ここでは北比良の環境を知悉する話者、比良岡七郎さんの聞き取りを紹介したい(2)。比良岡さんによると、比良川の特徴の一つは流れが急だったことである。山の源流から集落付近の下流までがあまりに近く「ばーっとくる。水の流れが速い。一気に水がくる」というわけである。もう一つは典型的な天井川になっていたことである。「ここはかなわん、目の前のあの高いところから水がくんのや。夜、音しよる、うわーっと」などと回顧されるように、増水時には流れる川の水の音が頭の上から響いてくるようで、恐ろしさに拍車をかけた。

砂のたまった比良川の光景は、いまも様々な形で記憶されている。その一つが堤防や橋に対する河床の高さである。戦前の昭和一〇年代のことであるが、比良川にかかる国道の橋から川底まで、学校の行き帰りの子どもがポンと飛び降りられるほどの高低差しかなく、増水時には橋が頻繁に破損、流失したようであった。この砂が比良の山々から供給されていたことも、「山から砂が出っぱなしちゅう川やった」「あまりに山から砂がよう降りてくる」といわれるように、地元では日常的に観察されていた。

荒れた山、荒れた川

もう少し上流に遡って川の様子を観察しておこう。比良川は平常時の水流こそ幅一～二メートルほどの細さであったが、河川敷はきわめて広かった（図4-1）。正面谷のあたりでも、河川敷は幅五〇メートルほどもあり、これが一面の「砂っぱら」であった。「わしら学校あがった時分（一九四一年四月）は、ここらはうつくしい、運動場ではないけど、なあんにもあらへん。石ばっかりや。がーらーんと、そこらじゅうみえたわ」などという幼少時の回想は、広い河川敷いっぱいに堆積した白い砂の景色を窺わせる。

ここで無視できないのは、川をとりまく山々の景観である。周囲の山々も、石や割り木、柴などをとるために木がよく伐られて「がらーっと」したものであった。川やそのまわりもよくみえたし、山からの湖の眺望もよくきいた。山で仕事をしていると、一一時半に近江舞子に着く汽船の京阪丸がみえるのが、時計代わりになったという。比良岡さんはこうした状況を振返って「山と川がよう荒れた」というが、たしかに山の資源の利用によって植生が乏しくなり、花崗岩の山からの砂の流出が進んでいた様子を髣髴とさせるものがある。

図4-1　戦前期の比良川上流部の景観

注）島内梨佐作成

川の景観は、増水となると一変する。まとまった雨が降るたびに、山からは新たな砂が供給され、河川敷の地形の変化もめまぐるしかった。例えば昭和一〇年代には、比良川本流の河川敷に三か所ほどの石屋の丁場（石の切り出しをする作業場）があったが、加工中の石材が洪水で何百メートルも下流に流されるといったできごとがあったという。普段、比良川の水は河川敷のなかを曲がりくねって流れていたが、翌年にはもうその流路が変わっているというのが普通であった。

一方で、平常時には川の水量は十分ではなかった。水深は河口部で一〇センチメートル程度にすぎず、「あとは全部、人間のいる集落のとこへ水がきてやったいうことや」という。つまり川の表流水のかなりの部分が農業・生活用水として取水されていたのである。本流の水の乏しさは、砂が湖にむかってどんどん流れていくような状況ではなかったことを示している。これらの結果として堆積する砂は、「滋賀県でもおそろしいとこや、長いことかけて、床の高い川になっとる」といった危機感を人々に生み出し、これが様々な砂対策の動機にもなっていた。

北比良の水環境

それでは集落に住む人々は水をどのように利用していたのだろうか。戦後間もない時期を基準として、北比良の水環境を模式的に示してみよう。本流の堰（取水口）から取られた水は、二つの沈砂池（北比良ではシマツと呼ばれる）を経て、耕地や集落へと導かれる。集落では、水路に沿って庭先に水をためるイケが作られており、そこから各世帯の母屋にあるカワトへと水を引き込んでいた。一九六一（昭和三六）年に簡易水道が作られるまでは、炊事・洗濯・ふろなどの水の多くは水路の水に依存していた。

なかでも、暮らしと砂の関わりの深さを物語るのが、比良山麓に広くみられる沈砂池の存在である。北比良の場合、本流から取られた水は一つ目のシマツに導かれる。この池は北比良と南比良の共有で、ここに砂を沈殿させたあと、一対一の割合で南比良と北比良に分水している。北比良側では、この少し下流にもう一か所の取水口があり、この水を加えた水路の先に二つ目のシマツ（図４-

2）がある。これは北比良独自のものである。このように二段階の沈砂池によって砂を取り除かれた水が、北比良の耕地と集落に供給されるのである。

なお台風などで大雨が予想されるときには、あらかじめ本流の堰に手を加え、シマツ側に取水されないようにしておく。この堰は幅五〇センチメートル程度と小さく、石や木を積み上げた簡単な造りなので、それほど手間がかかるわけではない。ただ洪水で取水口が壊されたり、取水できないほど堰の部分の河床が下がってしまったりすると、北比良の人々が総出で修理作業にあたらなくてはならない。昭和二〇年代まで、数年に一度、多いときでは年に一から二度はこうした作業があったという。

図4-2　北比良のシマツ
（2022年、渡部圭一撮影）

様々な砂対策

昭和二〇年代まで毎年八～九月ごろに行われていた作業に、比良川河口の「砂流し」がある。これは北比良の人々が総出で川に入り、流路の両側の砂を岸側や湖側に掻き出すという作業で、少しでも流路を広げて流れをよくしようとしたものである。重機などはないので、ジョリンという道具による手作業である。これは「大きい台風とか大雨があると、比良川の川底がたこなっていくさかいに、危険で危険でしょうがないさかいに」といった、砂の堆積が川の流れの障害になることへの対策として行われていたものである。

これと似た作業に、船溜まりの砂除けがある。北比良には、燃料の割り木や柴、石材などを運ぶ丸子船の船頭が二〇人ほど活動しており、湖岸には出荷を待つ船が一〇艘あまり入る船溜まりが作られていた。船溜まりの入り口には、波と砂を除けるため石積みの護岸が設けられている（図4-3）。それでも大きい台風がくると、入り口の底に砂がたまり、水深が浅くなって船が通り抜けられなくなる。そこで船頭たちが集まり、長い竹の柄をすげたジョレンを使って底の砂を掻き出すという作業が、やはり昭和二〇年代までは行われていた。

図4-3　北比良の船溜まり入り口
（2019年、渡部圭一撮影）

現行の共同作業として、北比良のシマツでは、毎年「砂流し」が行われている。水とともに流れ込む砂や石を取り除く作業である。それぞれの池には砂を本流に戻すための水路が備わっている。一つ目のシマツの場合、まず下流へ分水する二か所の出口を塞いでおき、つぎに本流に向かう水路をあける。たまった水が一気に流れ出る勢いで、土砂を一緒に流し出すのである。沈砂池の共同管理の実態やその歴史的背景については、次節で詳しく解説を加えることにしたい。

シマツから耕地にむかう水路にも砂はたまる。北比良の水路は、もともと石を組んだ頑丈な作りであったが、上流からくる砂の他、舗装される前は道から落ちる砂やごみも多かった。そこで毎年四月ごろに、やはり水田の所有者が集まり、冬の間にたまったものを取り除く「川掃除」をする習慣となっていた。この他、庭先にあるイケや自宅のカワトにも砂がたまる。浅くなると鍋を洗ったりするのに差し支えるので、各世帯でジョリンを使って随時砂をあげる作業をした。あげた砂は道路の凸凹を直すのに使ったりした。

なお砂の問題は道の補修にも関係がある。山への行き来に通る道は砂地からなっており、夕立のような強い雨があると砂が流れ出してしまう。傷んで凸凹になった山の道を直すのは山仕事に従事する職人たちの役割であった。また雨水が川のように流れると道が傷む原因になるため、大雨になりそうなときには、山に入ってミゾギリをする必要があった。これは勾配のある箇所に、一〇メートルほどの間隔で道に斜めの溝を掘っておき、水を横に流すための工夫で、やはり山仕事に関わる人々が作業していた。

以上のように、北比良では至るところに砂に関わる仕事があったことが分かる。年一回程度の定期的なものから、随時行われるもの、さらに担い手も全戸の共同労働から職人集団によるもの、各世帯によるものまで様々であるが、およそ水のあるところにはつねに砂の問題があるといっても過言ではない。さらにこれらの季節的な、あるいは稲作の生業暦にあわせた労働慣行の他に、数十年に一度という単位の災害対応のなかにも砂に関わるものがあったことに触れておこう。

洪水の被害としていまでも地元で記憶されているのが、戦前期の昭和一〇年代の比良川の堤防の決壊である。水とともに大量の土砂が耕地に流れ込み、深いところでは田が一メートルも砂に埋まるほどであった。取り除いた砂は、比良川の堤防まで運ぶか、一部の田にうず高く積み上げるしかない。「田が五枚いたむと一枚を犠牲にして、そこへ高さ六〜七メートルに盛らったわ」といい、その後は畑として利用されていたという。これもまた砂の問題に直面する地域に特有の労働慣行の一つに数えるべきであろう。

3　沈砂池のある景観――水利における土砂対応

比良山麓地域に分布する沈砂池

北比良に限らず、比良山麓地域のうち、とくに木戸以北の地区は、花崗岩地質を主とする急峻な山地を擁した。風化した土砂は洪水などの非常時だけでなく、平時にも流出し、下流の水路や耕地へ流れ出た。前節で述べたように、こうした砂は水路へ堆積することで灌漑用水の流下を妨げ、また上水道敷設以前は、さらにウェイトが大きかった生活用水としての利用にも支障をきたすことになる。また筆者（島本）の聞き取りの際に南比良地区の住民から語られた様子として、水田の土に砂が多いと、かつての農耕用の牛は爪を傷め、農機具の部品はすり減ったという。灌漑用水を通じて田に砂が入ることは、耕作においても不都合だったのである。

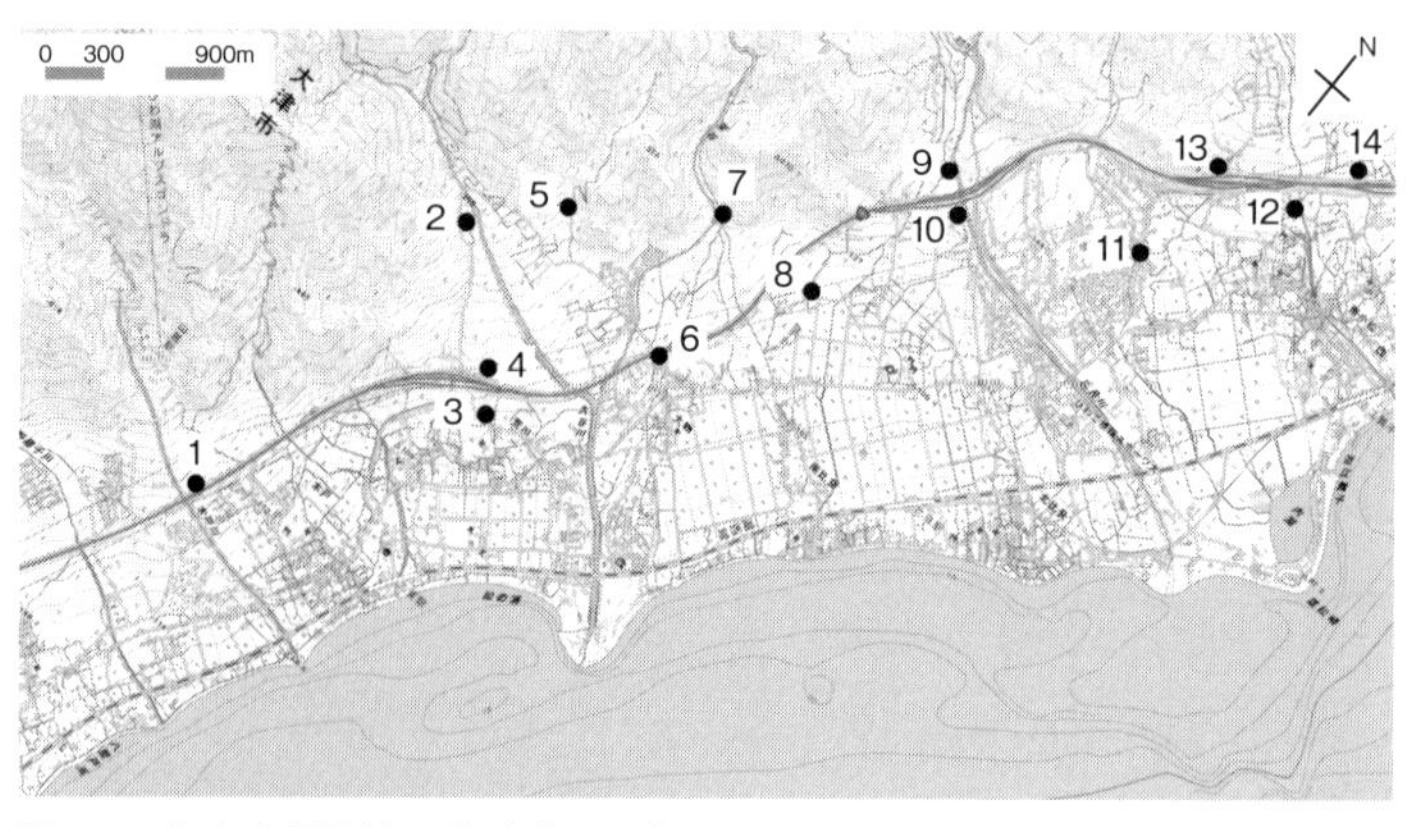

図4-4　比良山麓地域の沈砂池の分布

注）国土地理院「地理院地図」に加筆して島本多敬作成

このように山から流出する花崗岩質の土砂に対し、比良山麓でとられてきた特徴的な対策として、沈砂池の設置をあげることができる。木戸以北（北小松を除く）の各地区では、河川のそばや山間に水路に沿って沈砂池を設けている。二〇二三年八月現在、筆者が実見できた限り一四か所が確認されている[3]（図4-4、表4-1）。築造された時期はいずれも明確でないが、近世・近代の地図や文書に存在が確認できるものがいくつかみられる。一方で、国道一六一号のバイパスが建設された平成期にも、新たな沈砂池が造られており、砂防工事が実施され植生が回復した現在でも、沈砂池はなお必要とされている構造物である。

沈砂池は長方形または正方形、楕円形、三角形（厳密には側面の一辺が曲面をなす）など様々であるが、いずれも流水の勢いを一時的に緩めることで含まれている砂を沈殿し取り除いている。材質は底部・側面ともにコンクリート製のものが大半で、一部には石垣を用

表4-1　木戸地区から南小松地区における沈砂池の一覧

No.	地域	形状	寸法（m）	立地のタイプ	放流用水門	備考	記載資料
1	木戸	正方形	6.0×6.0	B	○		「近江国滋賀郡第16区木戸村・荒川村絵図」（木戸区有文書）
2	荒川	楕円形	9.7×8.0	A	○	大谷川取水口付近、湯島神社境内。	「滋賀郡第16区、荒川村、絵図」（滋賀県立公文書館蔵、明へ1-1、編次10）
3	荒川	長方形	6.8×4.0	C	×	集落の北西部。	
4	荒川	長方形	5.0×3.0	C	×	国道161号のバイパス建設時に築造。	
5	大物	八角形	6.8×6.5	B	○	薬師谷の水路。	「滋賀郡大物村、絵図」（滋賀県立公文書館蔵、明へ1-1、編次18）
6	大物	長方形	4.1×3.8	C	×	樹下神社遥拝所前。	「滋賀郡大物村、絵図」（滋賀県立公文書館蔵、明へ1-1、編次18）
7	大物・南比良	楕円形	10.0×5.8	A	○	四ツ子川取水口付近、百間堤のやや上流。	
8	南比良	長方形	8.2×2.1	C	×	地区内水路。	
9	南比良・北比良	楕円形	12.7×11.2	A	○	比良川取水口付近。	「滋賀郡第16区、南比良村、絵図」（滋賀県立公文書館蔵、明へ1-1、編次14）
10	北比良	楕円形	23.0×8.0	B	○	比良川から取水した用水路。	「滋賀郡第16区、北比良村、絵図」（滋賀県立公文書館蔵、明へ1-1、編次3）
11	南小松	三角形	14.3×10.9	C	×	仏生寺野の東側。	
12	南小松	三角形	3.1×6.0	A	○	家棟川取水口付近。	
13	南小松	正方形	5.0×5.0	C	×	2022年冬ごろに築造。散水融雪施設に付属。	
14	南小松	楕円形	8.9×37.4	C	×	国道161号のバイパス建設時に築造。	

注１）島本多敬作成。

注２）寸法は長軸・短軸方向で最も距離が長い箇所を測定し、四捨五入して0.1m単位まで示した。実地の状況で困難な場合は、それに最も近い場所に測定機材を配置して実測している。

注３）No.10の寸法は、国土地理院「地理院地図」を用いて図上計測した値。

注４）立地のタイプ。A: 河川本流からの取水口付近に設けられたもの。B: 河川からの取水口から離れているか山間の谷筋にあって、河川の本流に近い位置に設けられたもの。C: 河川本流から離れた位置に設けられたもの。

いた構造がみられる沈砂池もある。ただし、地区住民の話によれば、かつては素掘りで、側面は石垣もしくは木の板を囲んでいたものがあったという。

沈砂池は河川本流から取水し、もしくは山間の谷筋を利用した用水路上に設けられている。立地に着目すると、それらは河川本流に近いものとそうでないものに大きく分かれる。前者はさらに本流からの取水口付近にあるもの（表4-1の立地のタイプA）と、取水口から離れているか、もしくは山間の小規模な谷筋を水源とし本流から取水していないが、本流に近い位置にあるもの（同B）に分けられる。AとBの沈砂池はいずれも放流用水門を設け、溜まった砂を浚渫する際にはこれを開けて砂を水の勢いで本流に捨て去ることができる。前節でみた北比良・南比良の砂流しはこの事例である。これに対し、河川本流から離れて位置する沈砂池（同C）は、浚渫は鋤簾などを用いて人力で行われてきた。現在は、周囲に広い空間が確保できる場合には重機を用いて浚渫されている。なお、北小松については、地区住民に話を聞いたところ、河川が比較的直流で砂がそのまま湖に流下するため沈砂池は必要なく、存在しないということであった。

沈砂池の管理

筆者が行った各地区の住民への聞き取りによれば、いずれの沈砂池でも、洪水時には上流の水門を土地改良区に従事する水門管理者（大物、南比良、北比良、南小松）や、地区であらかじめ定めた輪番で担当する住民（荒川）が閉じ、池のなかに水が流れ込まないようにするという。現在の沈砂池の機能は、洪水や土石流といった非常時ではなく、平時において用水とともに流れ下る土砂を留め、下流に土砂が堆積するのを防ぐところにあり、用水路と一連の施設として扱われている。

各地区では、三月末または四月第一週・第二週のいずれかに耕作者総出の田植え前の用水路掃除（「ソウブシン」「ソウシゴト」などと呼ばれる）が行われる。沈砂池に溜まった砂も、このときに各地区で浚えられる。二つの地区が共用する沈砂池（表４-１の№７と№９。以下、沈砂池と№の数字で表記）では、南比良が三月最終日曜に実施するソウブシンに大物または北比良の耕作者も参加し、一緒に浚渫作業をするという。

浚渫作業の一例として、四ツ子川の取水口近くに設けられた沈砂池７について聞き取りに拠りつつ紹介したい。作業の際は放流用水門を開け、池の水が用水路に流れないよう堰板を入れて本流の四ツ子川へと流れるようにする。取水口から流れ込む水は沈砂池の手前で堰板を入れて大部分を本流へ流し、堰板を越えて流れ込んできた水をパイプで集めて池のなかに局所的に放水しながら、放流用水門を経て砂を押し流す。台風などで沈砂池に砂が大量に流れこんだ場合は、夏季に臨時に放流用水門を開けて砂を出すこともあるという。

沈砂池の歴史

比良山麓の沈砂池は、近世の古地図にも記載が確認できる（島本 二〇二三）。例えば、一七〇九（宝永六）年の大物と南比良の境界を定めた裁許絵図（大物共有財産管理組合蔵）には、四ツ子川か

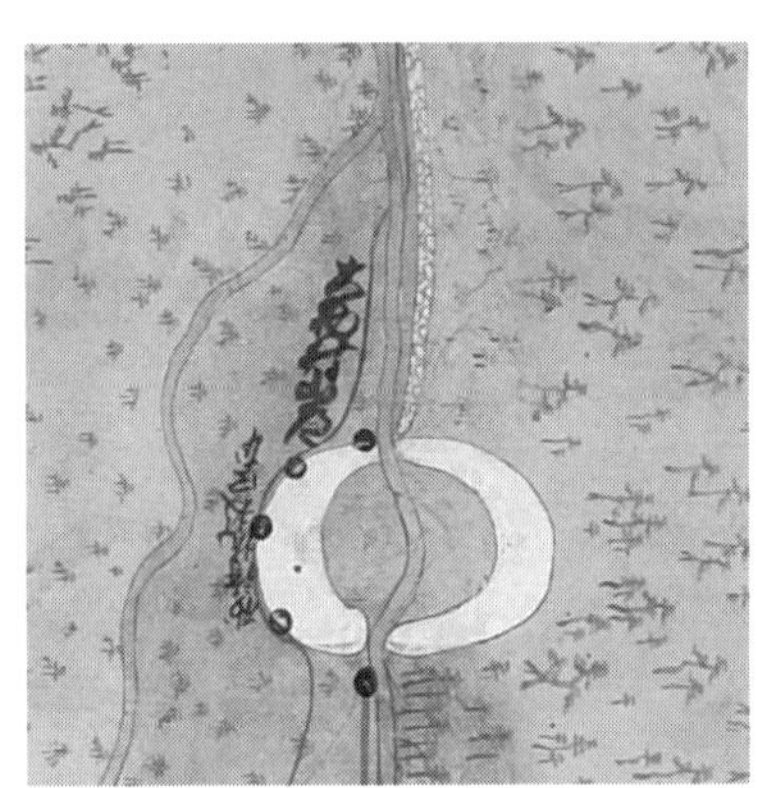

図4-5A　1709年裁許絵図の南比良村砂待

出所）大物共有財産管理組合

図4-5B　南比良旧沈砂池
（2023年、島本多敬撮影）

ら分水し両村の境界線付近を走る用水路上に、「砂待」と記された楕円形の池が描かれる（図4－5A）。この絵図の裏書には、一六七九（延宝六）年の検地の際に両村が検地奉行へ差出した証文の通り、両村の境界は、「野者砂待見通シ」であるとされている。一六七九年の裁許は、延宝検地の際に定められた村落境界を再確認するものであったことから、絵図に描かれた「砂待」の存在は、遅くとも一六七九（延宝六）年にさかのぼる。

この沈砂池の描かれた場所付近には、現在、人為的に掘りくぼめられた凹地がある（図4－5B）。実測すると縦九・九メートル×横一〇・五メートルで、凹地の下流側には、堰板を差し込める溝が切られた石製の一対の柱と、池の側面に沿った石垣が残されている。この土地を所有する住民によれば、この場所は、昭和三〇年代の用水路の整備によってU字溝が設けられるまで沈砂池であった。

一七世紀後半には存在が確認される沈砂池は、約二八〇年間命脈を保っていたことになる。

この他、一八七四（明治七）年の荒川村の絵図（滋賀県立公文書館蔵）に描かれた池は、荒川地区の湯島神社境内の沈砂池（沈砂池２）に比定される（図４-６Ａ）。地区住民への聞き取りによれば、現在の池の周囲にある石垣は、コンクリート化以前の池の護岸である（図４-６Ｂ）。また、池底がコンクリート舗装されたのは水の勢いで洗掘されるのを防ぐためで、池への導水口に石を積んでいるのも水の勢いを弱めるためだという。現存する沈砂池にも、元々は素掘りで石垣を築いて側面を囲う構造だったものが存在する。

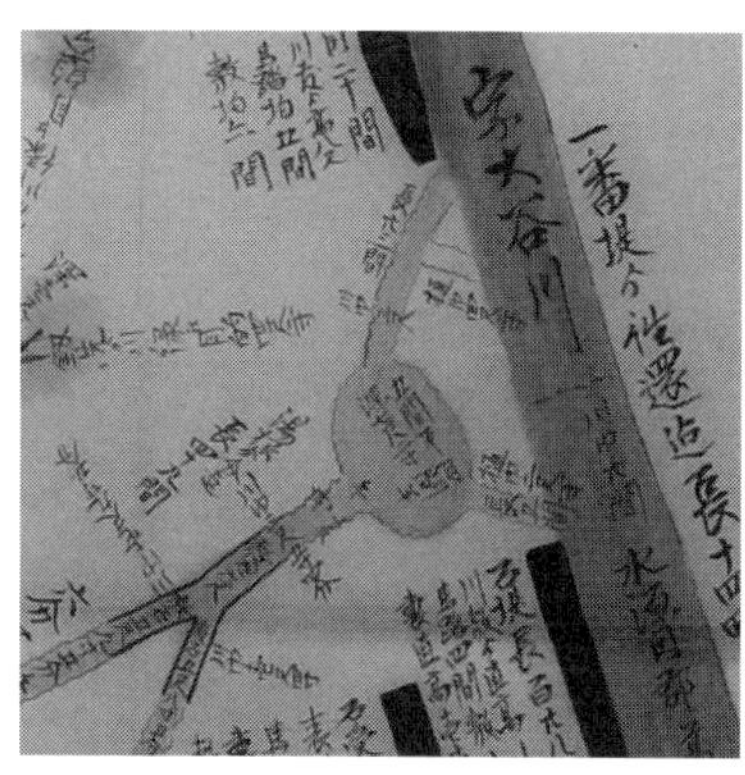

図4-6A　1874年荒川村絵図の池

出所）滋賀県立公文書館（明へ 1-1 編次 10）

図4-6B　荒川・湯島神社の沈砂池（2023年、島本多敬撮影）

近世における沈砂池の機能について、比良川からの取水口に設けられた南比良・北比良村共用の沈砂池（沈砂池９）に関する文書から推定しておきたい。一七六六（明和三）年、南比良村の者による水車の設置をきっかけに

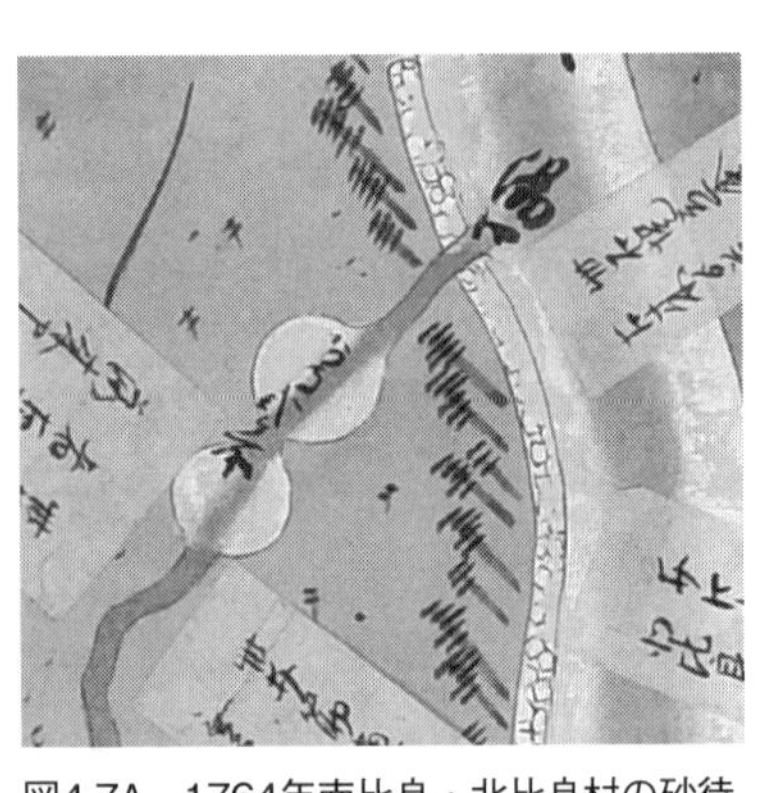

図4-7A　1764年南比良・北比良村の砂待

出所）南比良共有財産管理会

図4-7B　南比良・北比良共用のシマツ（2022年、島本多敬撮影）

南比良・北比良村で争論が起き、立会絵図が作製された（南比良共有財産管理会蔵）。現在の沈砂池は一つの大きな沈砂池に南比良・北比良の各地区に流すそれぞれの水門が設けられているが（図4-7B）、絵図では大谷川（比良川）の「湯口」そばに用水路に直列して設けられた二か所の砂待が描かれている（図4-7A）。この争論は翌年に京都町奉行二人による裁許状が出されている（南比良共有財産管理会蔵）。その記述によれば、北比良村は比良川からの用水を「両比良村田地用水斗ニ而新規水車拵水分ケ取申候而者川筋之土砂相埋迷惑ニ存候」と主張している。当時は砂待を経て流れる水であっても、水量が減れば水路への堆積が起きる懸念があり、砂混じりの水を灌漑用水に利用するには、沈砂池が必要であったことがうかがえる。現在の沈砂池の機能は、近世にさかのぼり得るのである。

なお、この裁許状の内容で興味深いのは、砂待二か所に溜まった砂は冬・春のうちに両村立会で比良川の井口を開け、「高くろ川」の堰板を外して砂を流し切り、その後、両村立会で井口を閉め、「五月節廿日前」からまた井口を開け、これまで通り番人を置いて配水し、百十日を過ぎればまた両村立会で井口を閉め、北比良村は比良川の砂流しをするようにと命じられていることである。この比良川の砂流しとは、裁許状によれば「川守与号定役之者壱人」によって北比良村で実施される作業である。「尤右海道〔北国海道〕辺ゟ湖水迄勾倍茂無之候故百十日之外石砂流不申候而者連々田畑石砂入荒地相増可申」とも記されていることから、取水時期以外に取水口を閉じておくのは、比良川本流の水量を増やすことで、下流部で田畑を荒地にさせ得る土砂を、湖へ流し出しやすくするための措置であったようである。

沈砂池は近世以来、位置や数を変えつつ、比良山麓地域で現在まで管理され維持されてきた。沈砂池のある景観は、山から流れ出る砂とともに生きる村々が山林を利用し、用水という恵みを得てきた歴史がつくりあげたのである。

4　砂をめぐる伝統知の意義

比良山麓地域に暮らす人々は、山から流れ出す川と水の恵みを受けて、生活を成り立たせていた。しかし流れる水には砂の存在がつきものであり、水を利用することは厄介な砂を管理したり災害時の砂の被害に対応したりすることと同義であった。時代をさかのぼるほど、人々の暮らしは山と川の恵みに依存するもので、それだけに砂をめぐる悩みも大きかった。戦後、川の水利用は農業用水の一部へと縮小したが、現在もなお沈砂池の役割が保たれていることは、ここまでで述べた通りである。

本章で扱った、砂の問題と向き合う人々の暮らしの実態は、従来の里山のイメージからは想像もつかない世界かもしれない。しかし比良山麓にすむ人々にとって、砂は日常の暮らしに密接した問題であり、水害時には脅威となる存在であった。川や用水路、そして湖岸へと流れ込む砂の挙動に、つねに意識を向けざるをえなかったのである。その結果として形作られてきたのが、沈砂池という構造物であり、またそれ以外にも河川の本流や用水路、船溜まりなどで行われる共同労働の仕組みだったのである。

ところで戦後の高度経済成長期、いわゆる燃料革命を経て、山の資源利用は低調になり、植生も回復して砂の供給は抑制されるようになる。木々がまばらで土壌が浸食されやすい状況であった山は、燃料の採取が徐々に行われなくなるにつれて、次第に豊富な植生に覆われていくのである。湖面を行きかう汽船まで見通せたという山からの眺めも、いまでは樹木に遮られ、往時の面影は失われている。そして山の変化は砂の変化でもある。第2節でとりあげた北比良の聞き取りから、最後に印象的な語りを紹介しておきたい。

わしらの子どもの時分とだいぶ浜が変わったるわ。もっと浜が大きかったけども、台風やったり大波やったり、どうたらこうたらで浜がすくななったわ。それから山から砂が下りてきいひんさかいに、波で砂がみんなおぶいて（流されて）、琵琶湖に沈んどる。まえは荒れたら荒れるだけ山から砂が下りてきたけど、はっきりいったら、琵琶湖が大きなって、土地がすくななったんやろ。そういうたほうが、話が早い。

戦前と戦後を比較すると、山からの土砂流出が減り、その分、湖岸の砂浜が後退した――そして琵琶湖が大きくなった――というのである。「砂が減った」という実感をこれほど端的に言い表した言葉はない。砂とは、自然と人の関わりの移り変わりを敏感に映し出す、いわば鏡のような存在なのである。その意味で、集落ごとに作られ管理されてきた沈砂池とその共同労働の慣行は、砂の問題に向きあってきた比良山麓の人々の歩みをいまに伝える、生きた遺産といえるであろう。

謝辞

本章は、日本学術振興会科学研究費（課題番号：18K01184・21K13163・23K01043）による成果の一部です。調査の際、つぎの個人・団体に聞き取りおよび資料の利用についてご高配を賜りました。記して御礼申し上げます。

川端陽太郎、北村正樹、上坂容梓夫、小村廣光、中村正、中村利男、中村友美、中村征紀、比良岡七郎、前田直、松井毅、大津市歴史博物館、北比良財産管理会、滋賀県立公文書館、大物共有財産管理組合、南比良共有財産管理会（個人・団体それぞれ五〇音順、敬称略）。

注

（1）本章では、はげ山、土砂留、天井川など土壌侵食にともなう河川への堆積やそれに関連する問題に一般論として言及する場合は「土砂」、比良山麓地域の事例を具体的に記述する場合は「砂」と区別して表記する。

（2）第2節で言及する内容は、筆者（渡部）が二〇一六年から現在まで継続的に実施している北比良地区の調査に基づいている。比良岡七郎さんは一九二六（大正一五）年生まれで、戦前から戦後まもない時期の北比良の環境や生業のことを鮮明に記憶されている。

（3）島本（二〇二三）で、同じ地域の範囲内に一一か所の沈砂池が存在すると報告したが、同書刊行後、二〇二三年七月から八月に実施した現地調査で、各地区の住民のご教示を得て、新たに三か所を追加で確認した。

参考文献

太田猛彦　二〇一二『森林飽和――国土の変貌を考える』ＮＨＫ出版

滋賀県自然誌編集委員会編　一九九一『滋賀県自然誌――総合学術調査研究報告』滋賀県自然保護財団

島本多敬　二〇二三「絵図・地図からさぐる比良山麓地域の村々の土砂移動対応」島内梨佐・深町加津枝・吉田丈人ほか編『地域の歴史から学ぶ災害対応　日本各地につたわる伝統知・地域知』総合地球環境学研究所、九六―一〇七頁

徳川林政史研究所編　二〇一五『森林の江戸学Ⅱ――徳川の歴史再発見』東京堂出版

水本邦彦　二〇〇三『草山の語る近世』山川出版社

水本邦彦　二〇二二『土砂留め奉行――河川災害から地域を守る』吉川弘文館

第５章　土砂災害対策と自主防災活動

三好岩生

１　自主防災活動とＥｃｏ－ＤＲＲ

防災に関する概念の変化

日本における自然災害対策に関する考え方は、近年になって大きく変わってきている。変化の経緯を法令整備にしたがってみていこう。日本の近代的な災害対策を体系的に定めた最初の法律は災害対策基本法と考えていいだろう。同法は一九五九年の伊勢湾台風による大規模災害を契機として一九六二年に施行されたものである。そこには主に行政機関の災害対応に関するルールが定められていたが、住民組織の協力も必要であることにも触れられている。しかし、当時の防災活動においては住民の役割がまだあまり重視されておらず、その後の高度経済成長期やバブル経済期を通じての災害対策は、防災構造物を設置することによる、いわゆるハード対策に偏ったものであった。

一九九五年の阪神・淡路大震災のときには、災害現場において住民自らによる救助活動が重要であることが認識され、自主防災組織の結成が進められることになる。自主防災組織の結成を機に、住民の避難行動や災害用品の備蓄、災害時要援護者の支援などのいわゆるソフト対策にも目が向けられるようになった。さらに二〇一一年に発生した東日本大震災をはじめとするいくつかの自然災害からの教訓を受け、二〇一三年には国土強靭化基本法の施行や災害対策基本法の改正があり、同時期に土砂災害防止法の改正なども行われた。この時期に成立、改正された一連の法律においては、ソフト対策が重視され、住民の役割が重要な位置を占めることとなった。従来の行政を主体とした災害対策である「公助」に加えて、住民自らの防災行動である「自助」と、地域コミュニティなどで支えあう「共助」が重要であると強く認識されたのもこのころである（図5-1）。

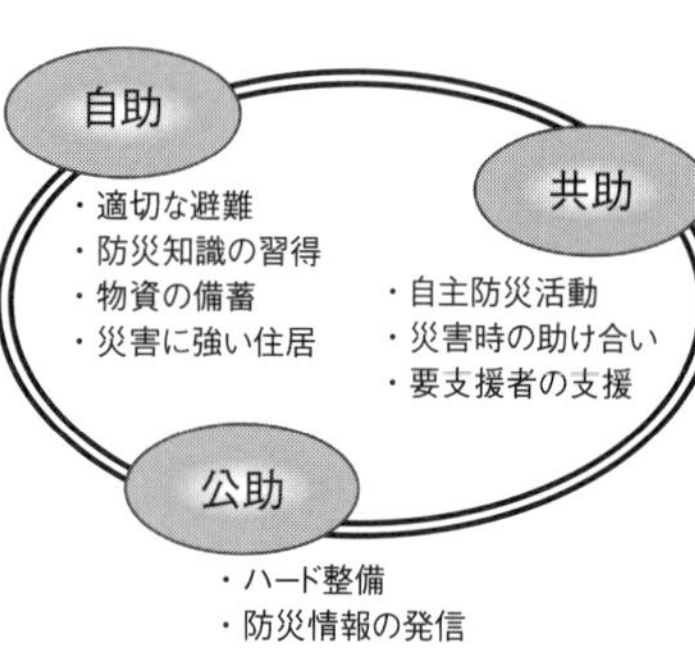

図5-1　自助・共助・公助の連携

二〇二一年に施行された流域治水関連法も、防災・減災に関する新しい概念に基づいたものである。同法は「降雨量の増大などに対応し、ハード整備の加速化・充実や治水計画の見直しに加え、上流・下流や本川・支川の流域全体を俯瞰し、国、流域自治体、企業・住民など、あらゆる関係者が協働して取り組む「流域治水」の実効性を高める法的枠組み」と定義されている。つまり、この法律の理念には、前提としての気候変動、流域全体を視た空間の俯瞰的管理、住民を含むあらゆる関係者の協働といった従来にない概念が組み込まれており、そのような社会的認識がスタンダードとなりつつあることを示している。

Eco-DRRと防災における住民の役割

自然災害対策に関する考え方の変化は、日本だけでなく国際社会のなかでも進んでいる。近年になって、Eco-DRR（Ecosystem-based Disaster Risk Reduction：生態系を活用した災害リスクの軽減）という概念が広く用いられるようになった。Eco-DRRとは、災害リスクを軽減するために生態系を持続的に管理・保全・修復することであり、持続可能で強靭な開発を実現することを目的としている（Estrella & Saalismaa 2013）。Eco-DRRで生態系管理とされているものは、単に生態系の現状を維持するという消極的な管理ではなく、自然のインフラや人間社会のレジリエンスをハザードに対して強化する機会を提供し、多様なステークホルダーに社会的・経済的・環境的な様々な利益をもたらすことでリスクの低減に寄与するものとされている（CNRD & PEDRR 2022）。

レジリエンスとは災害に対する強靭性、ハザードとは災害現象のことであって、Eco-DRRの考え方では、Hazard（災害現象）、Exposure（暴露）、Vulnerability（脆弱性）の三つの条件が重なったところにRisk（危害）が発生する（図5-2）。三つの条件を表す集合の輪を小さくするか、ある

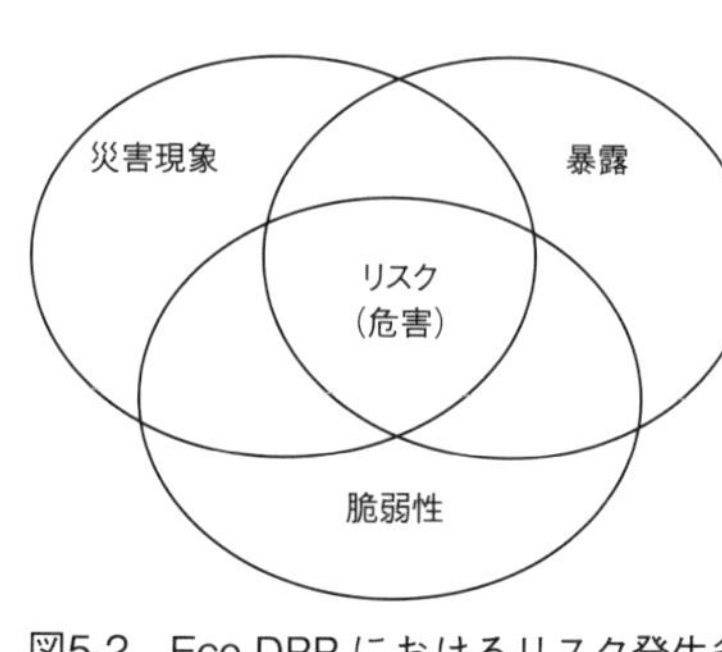

図5-2　Eco-DRRにおけるリスク発生条件の考え方

注）環境省「生態系を活用した防災・減災に関する考え方」をもとに三好岩生作成

いは遠くに配置することによって三つの輪が重なり合う面積を小さくして危害の防止・軽減を図ろうとするものである。三つの条件のうちで暴露と脆弱性の度合いは、住民の居住地の選択を含む土地利用のあり方や日ごろからの災害への備えなどに依存しており、住民の災害に対する認識や判断に大きく左右される。

日本における自然災害対策の制度設計においても、また防災・減災に対する考え方の国際的な潮流であるEco-DRRの概念においても、住民の役割が重要になっていく傾向にある。では実際にどのような手段で住民が災害対策に参加していくのであろうか。その方法の一つとして、自主防災活動があげられる。自主防災活動とは、地域の自治会や町内会のような地域コミュニティを基盤として、防災・減災を目的に結成された組織の自主的な活動である。具体的な活動内容には、地域固有の自然的・社会的な条件を考慮した防災マップの作成やタイムラインの整備などがある。住民組織が作成する防災マップなどには、行政がテンプレート的に作成するものとは異なり、その作成過程において地域に伝わる伝統知を盛り込むことが可能である。また住民にとっては、災害危険性も生活環境の一つであり、生態系や景観に基づく自然の恵みと一体的に捉えられる。災害危険性を生活環境の一つとして捉えることは、近年の防災に求められている流域治水やEco-DRRの理念にも通じるものである。

２　守山地区における災害環境と自主防災活動

守山地区の災害環境

次に、実際に自主防災活動を活発に推進している地区を事例に、自主防災活動がもたらす効果と伝統知の活用状況についてみていく。

事例とするのは滋賀県大津市守山地区での自主防災活動である。守山地区は、比良山地の山麓部に位置し、比良山系の蓬莱山（標高一一七四メートル）付近の山稜から琵琶湖岸（標高八五メートル）に至る約三六〇ヘクタールの範囲をその領域とする。宅地は比良山系から琵琶湖へと流れ込む河川の扇状地から末端部までの狭い緩傾斜地に分布し、二〇二〇年時点で二二〇戸程度、約六二〇人が暮らしている。そのうちの約六〇戸が古くから続く旧家で、それ以外は比較的近年に移住してきた家である。とくに一九七四年にＪＲ湖西線が開通して以来、宅地が多く開発されて人口が増加した。集落には一つの自治会があり、地区の自治は自治会で執り行われている（三好二〇一九）。

集落の北側には土石流危険渓流である野離子（のりこ）川が、南側には地荒谷（じあれだに）川が流れている。地荒谷川はそれまで川がなかった荒れ地に一九七〇年代に作られた三面張り流路の人工水路である。宅地のほとんどが野離子川の土石流の土砂災害警戒区域に含まれている。野離子川上流の地質はチャートやメランジュからなる付加体（産総研地質調査総合センター 二〇二二）であって、深層崩壊に伴う大規模土石流が危惧されており（横山 二〇一三）、野離子川には多くの砂防構造物が設置されている。実際に一六九二年には、現在よりもやや北側にあった集落が土石流ですべて流され、現在の位置に移転したという伝承が残っている。近年にも一九五〇〜七〇年代に数回土石流が発生したことが分かっており、巨礫群が野離子川沿いに流下して県道五五八号線の橋梁付近で氾濫し、県道を損傷させるとともにその周囲数軒の家屋に浸水被害が発生している。また一八三八年には、現在の地荒谷付近に大規模な土石流があり（滋賀群木戸村八屋戸地誌 一九一七）、その付近は一九七〇年代に水路や宅地が整備されるまで大雨のたびに流路が変動する荒地であった。

守山自主防災会の活動

守山地区には二〇〇八年ごろから自主防災組織（守山自主防災会）が存在したが、当初は実質的な活動がほとんど行われていなかった。二〇一五年になって、そのような実状に危機感を感じるとともに、防災活動が地域活性化の一助となると考えた住民の一人が組織改革を行い、実効的な活動が始まった。新しい「守山自主防災会」は、二〇一五年三月八日の準備会を経て、同年四月一日に「守山自治会」および「木戸学区自主防災会」の下部組織として活動を始めた。当時の役員は新旧住民一四人であり、発起人は旧集落在住で、地元の多くの組織に所属する五〇代の男性Ｉ氏であった。役員には防災に関する一定の知識が求められるが、防災に関する知識は短期間で得られるものではないとの考えから役員の任期は定められていない。その結果として、二〇一五年の組織の刷新時に就任した役員の多くが二〇二三年時点でも役員を続けている。自主防災会が新体制に移行した時期に、地区外に在住する防災の専門家も顧問として加わった。顧問以外にも地域内外の専門家が活動に参加しており、防災などに関する専門性を担保するとともに、研究プロジェクトとの連携もしやすい体制になっている。役員の数はその後増員され、二〇二三年現在では二七人となっている。

「守山自主防災会」では、月一回の定例役員会議が開かれ（図５―３）、議論を深めながら様々な活動を展開してきた。主な活動は、①地区防災計画などの作成、②講演会・見学会の開催（図５―４）、③住民情報調査などの実施、④定期的な広報紙の発行、⑤危険木伐採、植樹などの実施である。地区防災計画などの作成に関連しては、例えば、二〇一六年に「防災行動指針（土砂災害編）」

図5-3　自主防災会役員会の様子
（2018年、三好岩生撮影）

図5-4　防災講演会の様子
（2016年、三好岩生撮影）

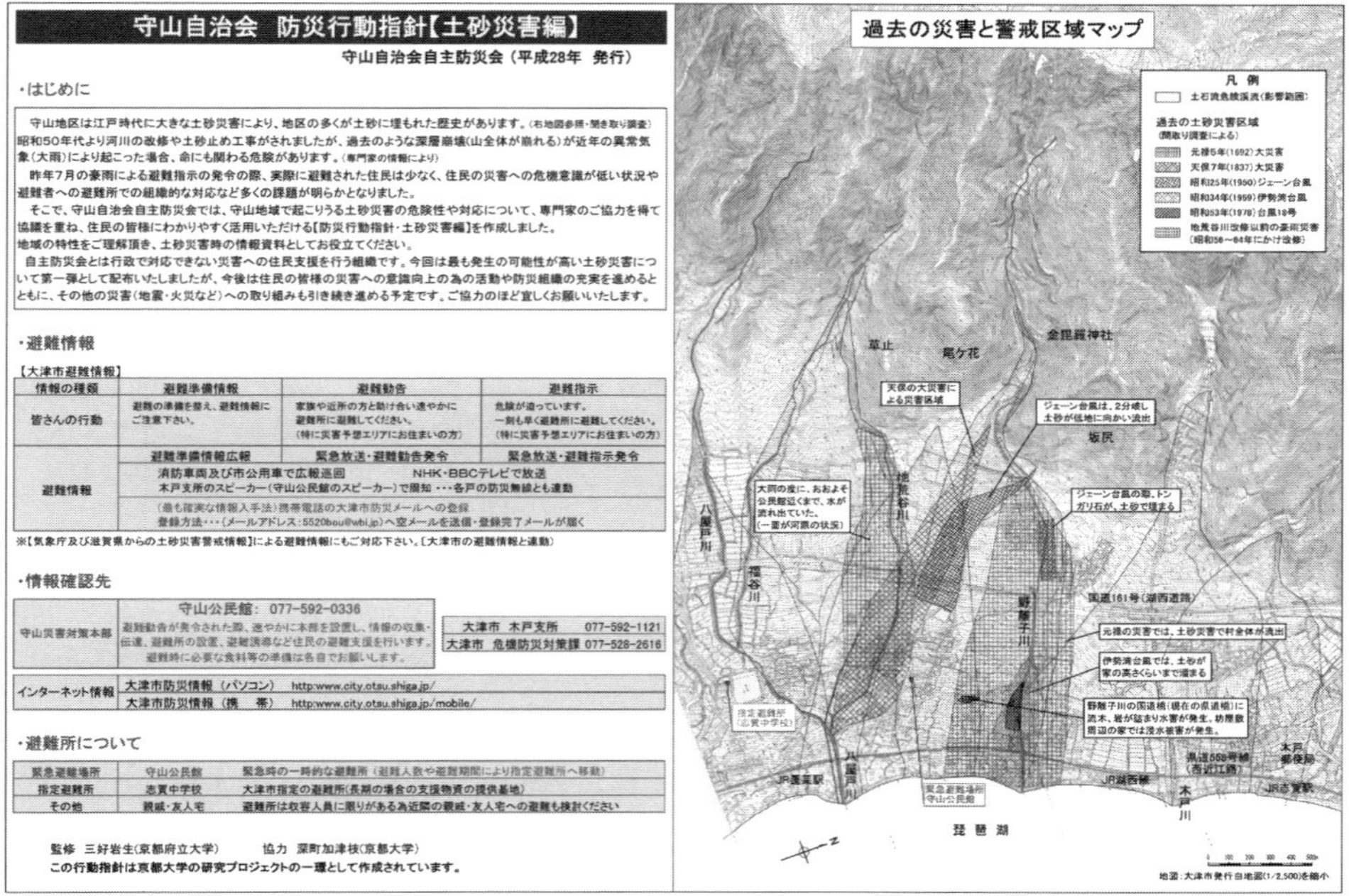

守山自治会　防災行動指針【土砂災害編】

守山自治会自主防災会（平成28年　発行）

・はじめに

守山地区は江戸時代に大きな土砂災害により、地区の多くが土砂に埋もれた歴史があります。（右地図参照・聞き取り調査）昭和50年代より河川の改修や土砂止め工事がされましたが、過去のような深層崩壊（山全体が崩れる）が近年の異常気象（大雨）により起こった場合、命にも関わる危険があります。（専門家の情報により）

昨年7月の豪雨による避難指示の発令の際、実際に避難された住民は少なく、住民の災害への危機意識が低い状況や避難者への避難所での組織的な対応など多くの課題が明らかとなりました。

そこで、守山自治会自主防災会では、守山地域で起こりうる土砂災害の危険性や対応について、専門家のご協力を得て協議を重ね、住民の皆様にわかりやすく活用いただける【防災行動指針・土砂災害編】を作成しました。
地域の特性をご理解頂き、土砂災害時の情報資料としてお役立てください。

自主防災会とは行政で対応できない災害への住民支援を行う組織です。今回は最も発生の可能性が高い土砂災害について第一弾として配布いたしましたが、今後は住民の皆様の災害への意識向上の為の活動や防災組織の充実を進めるとともに、その他の災害（地震・火災など）への取り組みも引き続き進める予定です。ご協力のほど宜しくお願いいたします。

・避難情報

【大津市避難情報】

情報の種類	避難準備情報	避難勧告	避難指示
皆さんの行動	避難の準備を整え、避難情報にご注意下さい。	家族や近所の方と助け合い速やかに避難所に避難してください。（特に災害予想エリアにお住まいの方）	危険が迫っています。一刻も早く避難所に避難してください。（特に災害予想エリアにお住まいの方）
避難情報	避難準備情報広報	緊急放送・避難勧告発令	緊急放送・避難指示発令
	消防車両及び市公用車で広報巡回　NHK・BBCテレビで放送 木戸支所のスピーカー（守山公民館のスピーカー）で周知 ･･･各戸の防災無線とも連動		
	（最も確実な情報入手法）携帯電話の大津市防災メールへの登録 登録方法･･･（メールアドレス：5520bou@wbi.jp）へ空メールを送信・登録完了メールが届く		

※【気象庁及び滋賀県からの土砂災害警戒情報】による避難情報にもご対応下さい。〔大津市の避難情報と連動〕

・情報確認先

守山災害対策本部	守山公民館：　077−592−0336 避難勧告が発令された際、速やかに本部を設置し、情報の収集・伝達、避難所の設置、避難誘導など住民の避難支援を行います。 避難時に必要な食料等の準備は各自でお願いします。

大津市　木戸支所	077−592−1121
大津市　危機防災対策課	077−528−2616

インターネット情報	大津市防災情報（パソコン）　http:www.city.otsu.shiga.jp/
	大津市防災情報（携　帯）　http:www.city.otsu.shiga.jp/mobile/

・避難所について

緊急避難場所	守山公民館	緊急時の一時的な避難所（避難人数や避難期間により指定避難所へ移動）
指定避難所	志賀中学校	大津市指定の避難所（長期の場合の支援物資の提供基地）
その他	親戚・友人宅	避難所は収容人員に限りがある為近隣の親戚・友人宅への避難も検討ください

監修　三好岩生（京都府立大学）　　協力　深町加津枝（京都大学）
この行動指針は京都大学の研究プロジェクトの一環として作成されています。

過去の災害と警戒区域マップ

凡　例
土石流危険渓流（影響範囲）
過去の土砂災害区域
（聞取り調査による）
元禄5年（1692）大災害
天保7年（1837）大災害
昭和25年（1950）ジェーン台風
昭和34年（1959）伊勢湾台風
昭和53年（1978）台風18号

草止
竜ケ花
金毘羅神社
坂尻
八屋戸川
福谷川
野離子川
木戸川
国道161号（湖西道路）
JR湖西線
JR蓬莱駅
JR志賀駅
木戸郵便局
琵琶湖
緊急避難場所 守山公民館
天保の大災害による災害区域
ジェーン台風は、2分岐し土砂が低地に向かい流出
大雨の度に、おおよそ公民館近くまで、水が流れ出ていた。（一面が河原の状態）
ジェーン台風の際、トンガリ石が、土砂で埋まる
元禄の災害では、土砂災害で村全体が流出
伊勢湾台風では、土砂が家の高さくらいまで溜まる
野離子川の国道橋（現在の県道橋）に流木、岩が詰まり水害が発生。坊屋敷周辺の家では浸水被害が発生。
地図：大津市発行白地図（1/2,500）を縮小

図5-5　防災行動指針（表紙）

出所）守山自治会自主防災会

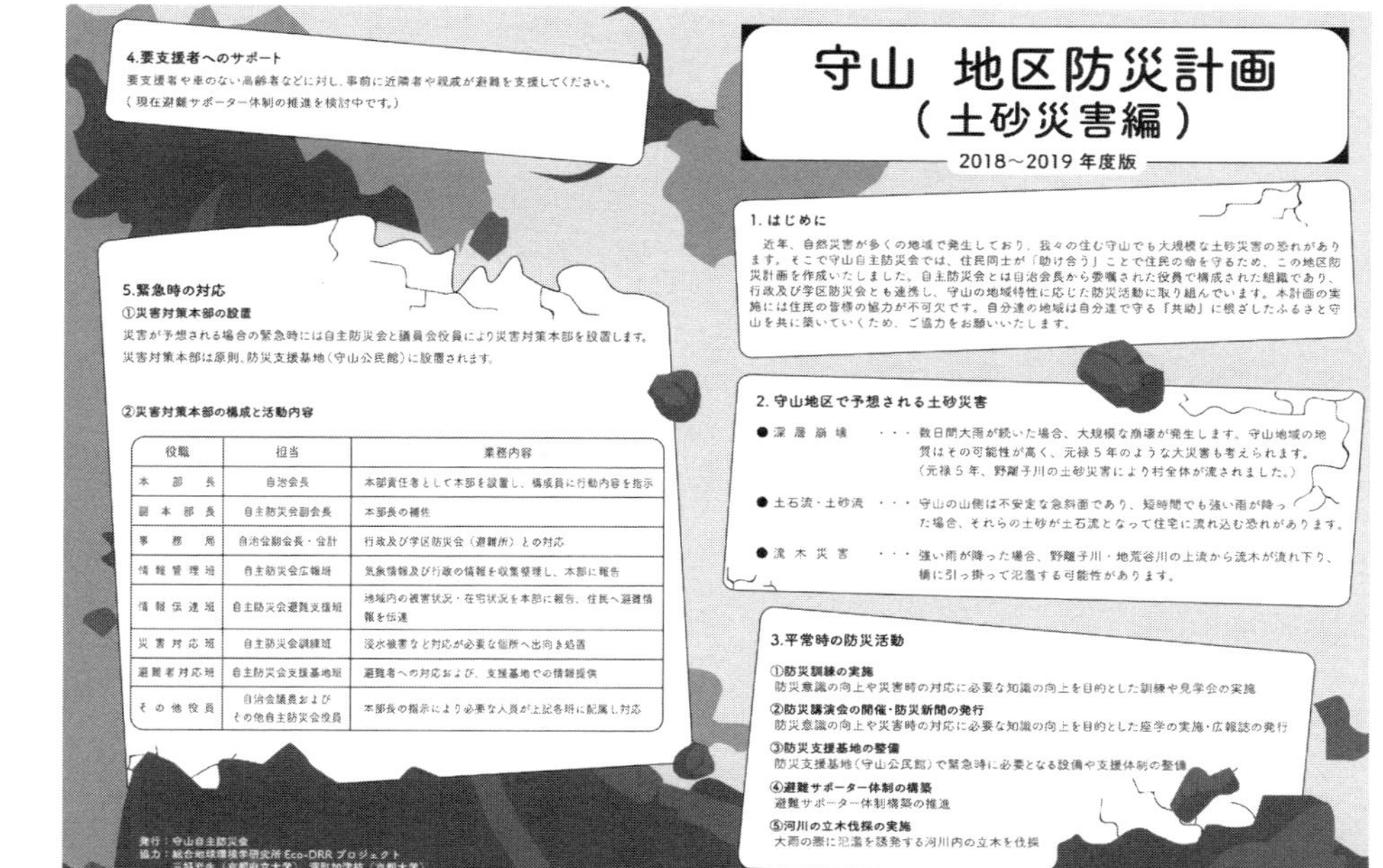

守山 地区防災計画
（土砂災害編）

2018～2019 年度版

1. はじめに

近年、自然災害が多くの地域で発生しており、我々の住む守山でも大規模な土砂災害の恐れがあります。そこで守山自主防災会では、住民同士が「助け合う」ことで住民の命を守るため、この地区防災計画を作成いたしました。自主防災会とは自治会長から委嘱された役員で構成された組織であり、行政及び学区防災会とも連携し、守山の地域特性に応じた防災活動に取り組んでいます。本計画の実施には住民の皆様の協力が不可欠です。自分達の地域は自分達で守る「共助」に根ざしたふるさと守山を共に築いていくため、ご協力をお願いいたします。

2. 守山地区で予想される土砂災害

- 深層崩壊 ・・・ 数日間大雨が続いた場合、大規模な崩壊が発生します。守山地域の地質はその可能性が高く、元禄5年のような大災害も考えられます。（元禄5年、野離子川の土砂災害により村全体が流されました。）
- 土石流・土砂流 ・・・ 守山の山側は不安定な急斜面であり、短時間でも強い雨が降った場合、それらの土砂が土石流となって住宅に流れ込む恐れがあります。
- 流木災害 ・・・ 強い雨が降った場合、野離子川・地荒谷川の上流から流木が流れ下り、橋に引っ掛って氾濫する可能性があります。

3.平常時の防災活動

①防災訓練の実施
防災意識の向上や災害時の対応に必要な知識の向上を目的とした訓練や見学会の実施

②防災講演会の開催・防災新聞の発行
防災意識の向上や災害時の対応に必要な知識の向上を目的とした座学の実施・広報誌の発行

③防災支援基地の整備
防災支援基地（守山公民館）で緊急時に必要となる設備や支援体制の整備

④避難サポーター体制の構築
避難サポーター体制構築の推進

⑤河川の立木伐採の実施
大雨の際に氾濫を誘発する河川内の立木を伐採

4.要支援者へのサポート

要支援者や車のない高齢者などに対し、事前に近隣者や親戚が避難を支援してください。

（現在避難サポーター体制の推進を検討中です。）

5.緊急時の対応

①災害対策本部の設置

災害が予想される場合の緊急時には自主防災会と議員会役員により災害対策本部を設置します。

災害対策本部は原則、防災支援基地（守山公民館）に設置されます。

②災害対策本部の構成と活動内容

役職	担当	業務内容
本部長	自治会長	本部責任者として本部を設置し、構成員に行動内容を指示
副本部長	自主防災会副会長	本部長の補佐
事務局	自治会副会長・会計	行政及び学区防災会（避難所）との対応
情報管理班	自主防災会広報班	気象情報及び行政の情報を収集整理し、本部に報告
情報伝達班	自主防災会避難支援班	地域内の被害状況・在宅状況を本部に報告、住民へ避難情報を伝達
災害対応班	自主防災会訓練班	浸水被害など対応が必要な個所へ出向き処置
避難者対応班	自主防災会支援基地班	避難者への対応および、支援基地での情報提供
その他役員	自治会議員および その他自主防災会役員	本部長の指示により必要な人員が上記各班に配属し対応

発行：守山自主防災会
協力：総合地球環境学研究所 Eco-DRR プロジェクト
三好岩生（京都府立大学） 深町加津枝（京都大学）

図5-6　守山地区防災計画（土砂災害編）の表紙

出所）守山自治会自主防災会

を作成し（図5-5）、全戸に配布した。内容は土砂災害履歴・土砂災害危険範囲や避難所・避難経路上の注意箇所など示した地図と避難行動のガイダンスであった。作成にあたっては、地区に長く住む高齢者に災害の経験や伝承などを聞く機会を設けた。その結果として、一部の高齢者の記憶にとどまっていた災害履歴が明らかになり、防災行動指針として広く情報を共有し、後世に伝えることができた。一方で防災の専門家からは、タイムライン整備などの防災の新しい技法が伝授され、二〇一八年に地区防災計画としてリーフレットにまとめたものが全戸配布された（図5-6）。

自主防災活動を核とした協働と交流

防災に関する住民意識を把握するためのアンケート調査、各世帯の構成や連絡先を把握するためのデータベースの整備も行われてきた。調査結果は個人情報の保護を優先させながらも、有益な情報として可能な範囲で住民に共有されるとともに、調査を通じて住民の災害環境についての知識が増した。さらに住民間のコミュニケーションが進むという効果もあった。河川周辺の樹林地の管理（危険木などの伐採）や砂防林（土石流緩衝林）の再生（雑木育成）などの現地での活動も積極的に行なわれている。危険木などの伐採は、同地区の「薪割り友の会」と連携して行われており、伐採された危険木や不要木が薪として利用される、新たな森林資源の循環を可能にしている。砂防林の再生事業では、「子ども会」の親子が参加した里山散策、ドングリ拾い、コナラやアベマキなどの広葉樹の苗づくりをその一環として行なっている（図5-7）。専門家による里山の植生や管理についての解説もあり、地区の災害危険性を学ぶだけでなく、環境全般に関する学習の機会になっている。防災意識の啓発のための専門家を講師にした防災ワークショップやハイキング（防災施設の見学会など）の開催、「ずでんこ通信」という防災広報紙の発行（年数回、全戸配布）も継続している。広報紙の名前になっている「ずでんこ」とは、守山地区のみに伝わっている、いわゆるツチノコのような未確認生物の名前である。かつて「ずでんこ」が出るから近づくなと子どもたちにいわれていた場所は、土石流の氾濫範囲の中心付近にあたる。推察ではあるが、土石流災害の危険性を避けるために、先人が得体のしれない気味の悪い存在を設定したのかもしれない、ということで広報紙の名前になった。このような少しユーモラスな伝承もまた大切な地域文化の一つであり、ここでもまた防災会が今や知る人が少なくなった伝承を次代に伝える役割を果たしている。自主防災会の活動は、広報紙やＳＮＳを通じて地区の住民に随時伝えられており、行事の際には地区内の他団体にも参加を呼び掛けるなど、自主防災会が団体間の交流の中核的な役割を果たしている。二〇二三年には、砂防林の一角でのコミュニティ広場の整備が開始され、この活動には「さっさの会」（新住民が主体となった交流事業の支援組織）など地区内の複数の団体が加わっている。

図5-7　子供たちとのどんぐりの苗づくり（2022年、三好岩生撮影）

対外的には、定期的に推薦役員が木戸学区自主防災会に参加することに加え、大津市や滋賀県と、防災施設の管理や避難所の開設などについての協議を行なってきた。県の防災担当部局から講師を招いて勉強会を開いたり、県の職員が自主防災会の行事に同行して紹介を受けたりして、行政とも情報共有を図っている。機会を捉えては守山自主防災会が発行しているリーフレットや広報紙を関係機関にも渡し、守山地区における防災に関する先進的な取り組みを広く周知して、守山地区で得られたノウハウが他所でも活用されたり、あるいは他地区での経験知を取り込んだりできるように努めている。また活動に参加している研究者は、大学をはじめとする研究機関との連携を進めており、学術界からは自主防災活動に科学的な根拠が提供され、逆に自主防災会からは活動事例として得られた経験知がデータとして提供されて互いに貢献している。

3　災害に強い地域づくり

生活を護るための活動

守山地区には、豊かな生態系が護られた里山・里川・里地の景観が残っており、庭石や敷石として重用される守山石と呼ばれる石材を産出するなど、自然環境から多くの資源を得てきた。すぐれた自然環境は、同時に自然災害が発生しやすい環境であることが多く、守山地区も例外ではない。

とくに土砂災害の危険性が高く、住民は災害への不安を抱えて生活している。守山地区で先進的な自主防災活動が進展した理由の一つは、住民の心のなかにある災害への不安を払拭したいという願いであり、だからこそ多くの時間と労力が必要な活動への積極的な参加が得られてきた。

守山地区での自主防災活動は、山地から河口までの地区の流域全体を対象として、自然環境の保全と防災・減災を総合的に捉えた活動であり、その意味において流域治水やEco-DRRの理念に合致したものである。生活を護るという原理から起こった活動であるため、向き合う対象が空間的にも事象としても連続的・俯瞰的である。参加する人的資源についても多くの連携を生むものであり、自主防災会の活動を通じて組織内部の交流だけでなく、多くの他団体との交流や、行政機関・研究機関などの外部機関との連携がもたらされている。このような内部、外部との交流・連携の促進は、防災の枠を超えて地域の活性化に資するものである。

防災と地域活性化の相互作用

地域の活性化は、構成員間の情報共有や協力体制の成立を促進するものであり、結果として災害に強い地域づくりにつながる。一般的に地域づくりにおいて住民の意見をまとめることは容易ではない。とくに守山地区では代々守山で暮らしてきた世帯の住民と、近年に都市部などから移住してきた世帯の住民とのあいだで、ライフスタイル（生業、地域資源の利活用や災害危険性の知識など）に隔たりがあり、両者の融合が地域の重大な課題になっていた。多様な意見・認識を持つ住民の意見をまとめるためには、構成員全体に関わる課題の解決に向けて協働することが有効な手段となる。地区の防災体制の確立は、まさしく住民全員に関わる課題であり、そこに住んでいる限り逃れることができないテーマである。したがって防災活動は多様な住民の協調・連携を進めるための有効な手段であるともいえる。活動をさらに進展させるためには、世代交代をはじめとする多様な主体の参加を促しながら、人のつながりを深めていき、緩やかな連携体制で、無理なくできる範囲の活動を継続していくことが重要であろう。

参考文献

環境省自然環境局　二〇一六「生態系を活用した防災・減災に関する考え方」環境省

深町加津枝・大原歩　二〇二三「大津市守山地区の自主防災をもとにつながるコミュニティ」成安造形大学附属近江学研究所編『近江学　第一五号』サンライズ出版、六三―七一頁

三好岩生　二〇一九「土砂災害危険地における住民の防災意識と自主防災活動の課題」『砂防学会誌』七二（一）、一二―二〇頁

守山地区共有文書　一九一七『滋賀群木戸村八屋戸地誌』

横山俊治　二〇一三「なぜ、西南日本外帯で降雨時あるいは地震時に深層崩壊が多発するか？」『日本地すべり学会誌』五〇（一）、一―六頁

吉田丈人　二〇一七「グリーンインフラがもたらすしなやかさ」『農村計画学会誌』三六（三）、四三〇―四三四頁

CNRD & PEDRR・総合地球環境学研究所 Eco-DRR プロジェクト　二〇二二　DOI : 10.20568/0004423

Estrella，M. and N. Saalismaa. 2013. *The ecosystem-based disaster risk reduction case study and exercise book.* PEDRR and CNRD.

第Ⅱ部　自然の恵みの利用と管理

第6章　水利用と災害対応

深町加津枝・大原歩・安藤滉一・王聞

1　比良山麓の水環境

比良山地は標高一〇〇〇メートル程度の急峻な山々であり、その東側の比良山麓では琵琶湖（標高約八四メートル）につながる大小の河川が流れている（図6-1）。主な河川となる八屋戸川、野離子川、木戸川、大谷川、比良川、家棟川、滝川などの下流には扇状地が形成され、集落が点在する。南から北へ向かい、南船路、北船路、守山、木戸、荒川、大物、南比良、北比良、南小松、北小松という集落が位置している。山稜から琵琶湖までの水平距離は短いが、比良山麓の緩傾斜地から湖岸にかけて湧水やため池、内湖、水路など多様な水環境がある。住宅地や農地は扇状地や湖岸に多く、生活用水や農業用水を確保するための用水路も数多くある。花崗岩地帯の急峻な山地からの豊富な水と土砂は、琵琶湖岸において砂浜を形成し、内湖という特徴的な地形を作り出してきた。堆積岩地帯にはため池があり、「滋賀県農業用ため池データベース」には南船路にある「新池」と呼ばれるため池や北船路の「平尾池」などが登録されている。

比良山麓には、それぞれの地域の水環境に対応した水利用と災害対応があり、自然資源として恵みを享受するとともに、崩壊や土石流など自然災害のリスクと対峙してきた。本章では南小松地区と守山地区を事例に、水利用と災害対応の特徴について、歴史的な変遷もたどりながらみていく。

2　南小松地区の事例

水の利用と管理

南小松地区の水環境の特徴は、天井川となっている河川と湖岸に広がる内湖にある（図6-2）。どちらも、比良山麓地域特有の急峻な山地から供給される豊富な水と土砂により形成された景観である。南小松には、比良山地から琵琶湖に流れ込む大堂川、家棟川、内湖に流れ込む砂地川などの河川がある。用水の水源は、山地や扇状地の湧水、河川、琵琶湖（揚水）となっており、それぞれから引かれた水路はため池を介しながら集落や農地を流れ、一部の水路は内湖に流れ込んでいる。近江舞子水泳場や内湖周辺にはレジャー施設が多く、水泳や釣り、カヌーなどのウォータースポーツなどに利用されている。毎年三月に行われる比良八講は天台宗の行者による行事であり、打見山

図6-1　比良山麓の地形と集落

注）イラスト：大原歩、作図：王聞

図6-2　南小松（2019年、綾部芳秀撮影）

注）ドローンを使用。手前中央から家棟川が流れ、奥には内湖がみえる

図6-3　市民組織と小学校によるヨシ刈り（2024年、北澤忠博撮影）

で取水した水を近江舞子の湖上に注ぎ、琵琶湖の水の恵みに感謝するとともに、水難者の供養を行う。内湖周辺では市民組織によるヨシ刈りや自然再生に向けた活動が行われており（図6-3）、生物多様性の保全や学習の場、さらには紙の原料としての資源利用の場ともなっている。

南小松には江戸期から明治初期に作成された合計五六点の絵図が保管されている。江戸期の南小松の絵図をみると、河川とつながった複雑な水路の流れを確認できる（図6-4）。このころの南小松には大堂川、大谷川（現・家棟川）、砂原川（現・砂地川）、モロコ川、および現在の二倍以上の面積の内湖があった。内湖周辺では魞の設置や湿田利用が行われ、生育するヨシは良質な葦簀として利用されていた。河川から引かれた水路には樋や堰と呼ばれる水を引くために河川をせきとめた地点が複数あり、これを開閉することで流量を制御し、集落全体に水を供給していた。水路を持続的に利用できるよう浚渫や修復がなされ、集落への水供給に不平等が生じないよう樋（湯根）の管理者を置いていた。水田への取水量は、湯根守と呼ばれる管理者が、河川では樋、水路の分岐では石（以前は木板や鉄板）を用いて水量などを調節した。

図6-4　南小松村絵図（1650年ごろ）
出所）南小松自治会館

江戸期から現在までの水害とその対応

比良山地は豊かな水の恵みをもたらしてきたが、ひとたび豪雨がおこれば大量の水や土砂が流れ出し、河川や水路を超えて下流域を襲った。絵図にもその様子が描かれており、河川の下流域や内湖周辺に広がる荒れ地は土砂堆積などによって耕作ができない土地として記されていた。こうした荒れ地やその周辺は、宅地などの開発はなされず多くは松林となっていた。絵図には河川沿いに石や砂を用いた堤防も描か

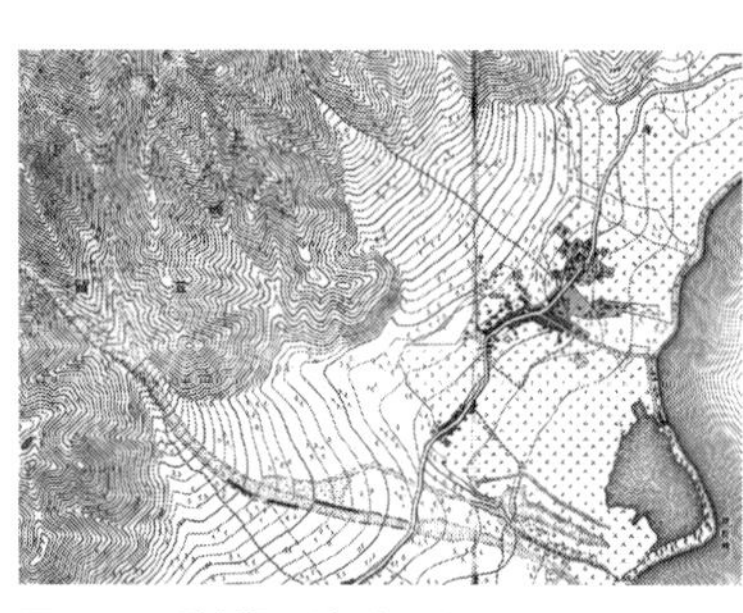

図6-5　明治期の地形図（南小松周辺を拡大）

出所）1896年大日本帝国陸地測量部測量、2万分の1「小松村」地図

れ、天井川である家棟川の堤防の規模はとくに大きかった。

　絵図を用いて江戸から明治初期の水環境を比べると、堤防は後の年代になるほど長くなっており、災害のたびに堤防の修復・拡張が行われていた。集落は荒れ地に重ならない範囲に分布し、神域である八幡神社が位置する家棟川右岸では堤防を長く築くなど、災害リスクを低減して生活する様子が読みとれる。北比良地区に位置する比良川は、ひとたび大雨が降れば溢れた水や土砂が南小松まで広がるため、一部を支流であるモロコ川に流すことで全体の流量を抑え被害を軽減させた。そのためモロコ川は捨て川と呼ばれていた。一方、内湖や湖岸では、人工物の設置による水害対策はみられなかった。集落を湖から比較的離れた道沿いに位置させることで災害を防ごうとしたからだと考えられる。南小松では、洪水や土砂災害に対して石堤、砂堤、荒れ地などの複数の施設や空間を組み合わせることで災害リスクを減らしていた。

　図6-5は明治期の南小松周辺の地形図である。絵図から確認された河川からの取水は江戸期は一か所であったが、明治期には大堂川から一か所、大谷川から二か所、砂地川から一か所、山からの水路から一か所の合計五か所あった。滋賀県全体に大規模の浸水被害を与えた一八九六年豪雨による琵琶湖の氾濫は、南小松の多くの水田に被害を及ぼした。明治期以降、土地利用や管理形態が

変化してきたが、一九五〇年代ごろまでは内湖周辺には水田が広がり、農業や石材業に関わる住民も多かった。一九六〇年代以降になると、南郷洗堰をはじめとした琵琶湖全体での災害対策が行われ、地区内でも大規模な公共事業の一環として河川整備や砂防工事が行われるようになった。その結果、災害リスクが低下し、河川沿いの荒れ地や森林などが開発され住宅地や観光地となり、内湖周辺の湿地や水田、モロコ川などが駐車場や道路、観光施設などの開発対象となった。

一九七〇年代以降の琵琶湖総合開発事業に伴う琵琶湖の水の揚水、圃場整備やバイパスの開通、新たな宅地の拡大により水環境はさらに変化した。最近の水環境に関する問題として、扇状地における湧水の渇水、砂浜の後退、取水に伴う水路への土砂流入や水路内での土砂堆積などがあげられる。今日においても、農業用の水路の管理が湯根守により行われるなど伝統的な管理が続く一方、毎年四月に水路の掃除を行う「川普請」は自治会主催の行事となり、移入住民も含む、農家・非農家の会員それぞれが掃除場所を担当するようになった。

3　守山地区の事例

水環境と水利用

守山地区では、一〇〇〇メートルを超える雄大な蓬莱山から続く山―集落―田―湖をつなぐ水環境がある（図6–6）。山の中腹の金刀比羅神社のそばには「水坂の水」、風の丘団地近くには「頓狩石の水」があり、絶えることなく水が湧き出し、水質が良いことから飲料水として使用されている。「頓狩石の水」は、一九六〇年ごろまでは簡易水道として集落内まで引水し利用されていた。地区の北側には野離子川、南側には地荒谷川、八屋戸川が流れる。一六九二年には、大雨による大規模な土石流が起こり集落が流されたため、現在の位置に移転したという伝承が残っており、現在も宅地のほとんどが土砂災害警戒区域に含まれている。守山にある江戸期の絵図をみると、野離子川やため池から水路が系統的に整備されていたことが分かる。集落は野離子川からの水路とつながった位置にあり、集落の下流に農地が続く。現在の地荒谷川は昭和末期に掘削された人工河川であり、それまでは洪水や土砂災害が頻発する荒れ地などであった。そのため、地荒谷川の整備以降に造成された新しい宅地には、伝統的な水利用はみられない状況となっている。

　守山地区では、野離子川の上流（標高五〇〇メートル）より取水した用水路「大道川用水」が山道に沿って流れている。標高一五〇メートルあたりの起伏山地から山麓地へと斜面が緩やかになった集落手前から順に分流し、合計九本の用水路に分かれ、すべてに名称がある。集落内を通る用水路は民家の敷地内にてカワトと呼ばれる水場を形成し生活用水として利用される。使用した水はそのまま下流へと流され、下流域で農業用水に使われた後、琵琶湖へと注がれる。また、県道より琵琶湖側の湖西線に沿うように約三〇か所のショウズと呼ばれる湧水がある。蓬莱山の伏流水が地表や水路や農地へ滲み出し、湧水群や湧水池、湧水湿地を形成している。湧水は飲み水に加え、地域

図6-6　守山の水環境

注）国土地理院地図に加筆し大原歩作成

図6-7　カワト（2019年、深町加津枝撮影）

で行われる祭礼にも使用され、また近くにお地蔵様が祀られるなど、地域の文化とも深い関わりをもってきた。

カワトは守山地区での暮らしや生業と深く関わった水利用であり、洗い場としての機能がある（図6-7）。現存するカワトは全部で二九か所あり、大道川用水路沿いにあるカワトが二六か所。そのうち、隣家と向かい合わせに利用できるカワトが二か所あるなど共同の水場として活用する形もみられる。カワトには用水を板で堰止めて水位を高くして水を溜める装置があり、上部に民家の軒先や小屋を建て、屋外でありながら個人的な空間を作る半戸外空間が形成されていた。上水道ができる以前は、飲水を始めとして、「お米をとぐ」「顔を洗う」「食器を洗う」「野菜を洗う」「野菜を冷やす」「お風呂に汲む」など生活の水として使われていた。カワトの側には漬物小屋や漬物樽があり、水を必要とする衣食住に関わる作業が行われてきた。水を汚す行為は禁じられていて、とくに上流地域に住む家では、子どものころから水の扱い方を厳しくしつけられ、またオムツなどの汚れ物は、カワトでは洗わずに農業用水のみに使用する用水路で洗うことで綺麗な水を守った。現在は飲水としては使用せず「土のついた野菜を洗う」「農機具類の洗浄」「植木や畑の水やり」にも使われている。カワトの用途に変化はあるものの、現在も日常的に水とのつながりのある生活が残っている。

住民の手で行う水の管理と防災

豊かな生活用水がそばにある守山地区であるが、ひとたび大雨が降ると、急峻な山から流れる大道川用水が集落へ流れ込み被害がおこる。地区では集落への水被害をさけるため大水を野離子川へと排水する仕組みがある。地元ではその行為を「水を切る」と呼ぶ。平常時は自治会が管理し、台風や大雨のときには、自治会長が判断をし、水を切る作業を行う。水切り場は四か所あり、山中の大道川用水の取水口付近に二か所、集落付近に二か所ある。山中にある水切り場では、大雨が予報される際に、前日など事前に水栓を開けておくことで予防する。集落付近にある二か所は原則自治会長が判断し水門などの開閉を行う決まりがあるが、大雨時に迅速な対応が必要な場合、最寄りの住民が開閉することもある。

イケは一年通して湧水を溜めて活用する装置であり、湧水を一旦溜めるツボが設置された場がある。湧水は自然の恵みではあるが、その量が多すぎると自然災害につながる。冬に雪が多い年は五月ごろから九月ごろまで水が滲み出し、梅雨時にとくに湧水量が増える。足首の高さまで水が溢れ、牛小屋に水が溜まり牛を避難させるなど、屋敷や生業に影響を及ぼすことがあった。そこで、増水する湧水を逃して水を管理する方法として屋敷や水田の「ショウズヌキ」が行われている（図6-8）。水田では、上流側にある石垣から滲み出す湧水を排水するための溝を掘り、溝から土管（現在はパイプ）で作られた水田の暗渠を通じて、下流の水路に水を落とし、農地横のイケに溜める。

図6-8　イケの配置とショウズヌキ

注）国土地理院空中写真に加筆して大原歩作成

母屋より山側にある倉庫では、側溝、地面下に雨水浸透桝や暗渠排水を設置し、倉庫周辺から滲み出す湧水を母家の横の庭のイケに溜めている。一定の水量を超えると排水パイプを通して下流の水路に水を落とし、農地に利用し、琵琶湖へ排水する仕組みがあった。

大道川用水路から引水した用水を農業利用する農地主で構成する「湯掛かり会」という組織がある。四月には県道より上流の取水口や大道川・奥畑の用水路の川掃除を担当し、山間部の水路の状況も把握している。現在は約二〇人だが、そのうちの農業をしている一〇人によって五月から八月の毎日、当番制で田んぼの水の見回りを行う「水番」が行われる。水番は朝・昼・晩と一日最低三回は水田をみて歩き、田に水が入っているか、また水を必要としない田に水が入り込んでいないかをみて回る。天候や用水路の水量、湧水量など、日々変わる条件のなか、水路管理を請け負っている。集落周辺の水切り場の管理や琵琶湖揚水ポンプの休止などの判断も水番で決められ、この期間は原則的に水番以外の人が用水路の水を触ることが禁じられている。天候や用水路の水量、湧水の滲み出す量など、日々変わる条件のなか、水をコントロールしており、水に関する異変があった場合は自治会へ連絡し情報を共有する。

水をみる力――住民の経験値と対応

守山に長年暮らす住民には、災害から環境を守り、管理していくための多面的な水の変化を感じ取る「水をみる力」という経験値がある。自宅横に用水路が流れ、カワトがあるＫさんは、水の音をいつも耳にして暮らしている。普段より水の量が多いと水音が違ってくるという。大雨が続きカワトの水量が増えていたのが急に静かになり、カワトをみに行くと水量が少なく濁りがみえる場合がある。その場合は上流の水路が詰まった可能性が高いと判断し、すぐに自治会長に連絡をして現地へ来てもらうなど連絡を取り、自身も水切り場に向かい、用水を野離子川へ流す作業を行う。

湧水が滲み出すＪＲ湖西線付近に農地を持つＴさんは、農地に滲み出す湧水の増減で、野離子川と大道川用水の状況を察知する。守山地区一帯の沖積層は粒子のやや粗い砂礫質の堆積物からなり、また農業用水としても取水しているため、野離子川の水は普段は伏流している。そのため野離子川や地荒谷川の水が増えると、約二週間後には、下流域の湧水の量が増え始め、農地や民家に水が流れ込むという。また、降雨量が少ないときに湧水が多い場合には、大道川用水の取水口などで何らかの問題が起きていると察知する。実際に大道川用水の取水口の石組が崩れており、自治会や地元の用水を農業利用・管理する組織により大道川用水の取水口の修復作業が行われた。湧水の状況が背後にある水循環系の健全性を知る上での指標となっている。

4　受け継がれていく水とのつながり

比良山麓には多様な水源があり、それぞれの水環境の特徴を活かした伝統的な水利用があった。一つの集落に複数の河川が並行して流れており、扇状地では、山からの水がため池や水路を通して集落や農地に供給されてきた。一方、湖岸周辺には湧水が点在し、住宅や農地の位置によって異なる水源を利用する状況がみられた。自然災害についても、特徴の異なる場で起こるため、水環境に応じた工夫が必要となり、多様な災害対策のための伝統知が蓄積されてきた。川と用水路の接点に重点を置いた水利用と災害対策が一体として機能するなどの伝統知は、今日にも引き継がれている。また、個人の経験や知見を地域の用排水の管理組織に伝えるなど、迅速できめ細やかな共同体としての災害対策もみられた。

水利用や災害対策は時代の流れのなかで変化しており、農業人口の減少や移入住民の増加により担い手も変化している。生活や生業のなかで水との直接的な関わりは希薄化し、公共事業の進展などにより、災害対策も受け身になってきている。最近では、伝統知が忘れ去られる傾向にあるが、水利用や災害対策における要所をおさえ、水の流れをある程度コントロールする知恵や技術の意義は大きい。こうした伝統知は今日の地元が主体となった防災・減災などに資するものと考えられる。人々の個別の水との関わりや、その経験の積み重ね、そして水への眼差しは今後に活きる伝統知として重要となるだろう。身近な水環境を介して新旧住民が世代を超えてつながり、上流と下流をつなぐ水のネットワークについての認識を深め、水環境の変化に対する五感を豊かにしていくことが期待される。

参考文献

安藤滉一・深町加津枝・東幸代・高橋大樹　二〇二〇「大津市南小松の絵図に基づく江戸期から明治初期までの土地利用と災害対応」『ランドスケープ研究』八三（五）、四八五―四九〇頁

大原歩・深町加津枝　二〇二三「比良山麓における水と暮らし――カワトとイケ」島内梨佐・深町加津枝・吉田丈人ほか編『地域の歴史から学ぶ災害対応　日本各地につたわる伝統知・地域知』総合地球環境学研究所、一三六―一四三頁

志賀町史編集委員会編　一九九九『志賀町史　第二巻』滋賀県志賀町

三好岩生　二〇一九「土砂災害危険地における住民の防災意識と自主防災活動の課題」『砂防学会誌』七一（二）、一二一―二〇頁

第7章　近江舞子浜の利用と管理

落合知帆・渡部圭一・成田茉優

1　近江舞子浜の誕生

白砂青松の景観の形成

白砂青松という言葉がある。美しい砂浜と松原がおりなす、日本の景勝地を意味する伝統的な用語である。三保の松原（静岡県静岡市清水区）や天橋立（京都府宮津市）のような海岸の名所が著名であるが、日本最大の湖である琵琶湖にも、流入する河川が作り上げた美しい砂浜がいくつかある。琵琶湖を題材とした滋賀県のご当地ソング「琵琶湖周航の歌」に「松は緑に砂白き／雄松が里の乙女子は……」と歌い込まれた雄松崎、すなわち現在の近江舞子浜の景観は、その最たるものである。

琵琶湖の自然湖岸の状態はいくつかの種類に分けられる。主に、山地から続く岩石でできたもの、ヨシなどの植生に覆われるもの、砂浜からなるものである。このなかで北小松から和邇にかけての北湖西部の一帯は、砂浜湖岸が卓越する地域として知られている。そして、こうした湖西の砂浜湖岸を代表する存在が、本章でとりあげる近江舞子浜である。大河川がないにもかかわらず砂浜が卓越しているのは、湖岸に隣接する急峻な比良山地が位置し、山地からの土砂供給が大きかったからだとされている（西野ほか編 二〇一七：六八）。

地元で聞き取りをすると、「比良の山から出た山の砂ばっかりで、舞子の白いりっぱな砂浜ができた」といった説明を耳にする。とくに比良の山中に源を持ち、北比良と南小松の境付近を流れて琵琶湖に注ぐ比良川は、舞子の浜に大量の砂を供給した過去を持つ。第4章で述べたように、比良山麓では大雨が降るたびに川に砂が流れ出し、それが湖岸に溜まっていく光景が日常的にみられた。花崗岩地質の比良山地から供給された白い砂浜と、その周辺に立ち並ぶクロマツ林は、まさに白砂青松の景観を象徴する景観である。

絵はがきにみる近江舞子浜の展開

それでは近江舞子の浜はどのように観光地化したのだろうか。もともと比良山麓を含む滋賀県の南部には「近江八景」の景勝地が点在していた。近世社会において近江八景は日本を代表する名所であり、一般庶民の教養として絶大な知名度を誇っていた（鍛治 二〇一三）。この八景の一つ「比良暮雪」は、冠雪した冬の比良山地の遠景を切り取ったもので、大津から対岸の湖南・湖東エリア一帯で遠望できる、まるで屏風を広げたような美しい比良の山並みが主題となっている。とはいえ近世の近江八景に、近江舞子浜の白砂青松の景観はまだ取り込まれていない。

近代になると、観光案内書や地図、雑誌や新聞、パンフレットやポスターなど、様々なメディアが観光地の情報を発信するようになる。なかでも美しい眺めを視覚的に伝えた媒体に、観光名所を扱った絵はがきがある。近江八景に代表される湖岸の観光地の写真も、絵はがきに好んで取り上げられてきた。この絵はがき写真の変遷をたどると、当初は比良の山並みの遠景が「比良暮雪」の典型的な構図であったのに対して、明治末期～大正期には、徐々に山麓にある近江舞子浜の写真の利用が増えていくことが指摘されている（木津 二〇〇五）。

図7-1　比良暮雪を背景とした地曳網の絵はがき（昭和戦前期）

出所）渡部圭一所蔵

図７-１は戦前期の絵はがき写真の一例である。比良の山並みを背景に据えているが、主な被写体は砂浜の漁である。もともとこの地域では夏季のハスの地曳網が盛んで（滋賀県教育委員会編 一九八三：三一七―三一八）、後述するように、これが観光の目玉であった時代がある。夏の漁のシーンの背後に冠雪した山が写るのは奇妙だが、よくみるとこれは写真にあとから白色を塗り、夏の観光地と伝統的な「暮雪」を同居させているのである。近世以来の名所から、近代の新しい観光地としての近江舞子が誕生するひとこまを、ここに読み取ることができる。

この近江舞子浜が、今日では多数の水泳客を集める関西屈指の水泳場にまで成長を遂げていることは広く知られる通りである。さらに注目されるのは、近江舞子浜が観光地化する過程に、浜を共同管理する地元の人々の様々な活動が関わっていたことである。じつはこの砂浜やその一帯は、本来は地元住民の入会地として利用されてきた空間なのである。本章では、浜の空間の所有と管理の主体、さらにその活動の移り変わりを題材として、地域の人々の視点から、砂浜を舞台とした大規模観光地の形成過程をたどってみることにしたい。

2　入会地の所有と管理

入会地の所有形態の変遷

近江舞子浜[1]は、滋賀県大津市南小松地区に所在する（図7-2）。南小松地区では、地域組織が主体となって観光開発と景勝保全活動を受け継いできた経緯があり、現在の管理団体である「南小松入会地管理会」の前身が設立されてからすでに一二〇年以上が経過している。現在、南小松入会地管理会が保有し管理する入会地は、山地、集落、湖岸に計六〇筆以上を数えるが、ここではまず砂浜を含む湖岸一帯の入会地を中心に、近代から現代におけるその所有と管理の変遷を概観しておきたい。

図7-2　近江舞子浜周辺から比良山麓の地形

注）グーグルマップに加筆して成田茉優作成

湖岸の入会地は、砂浜・松林、ヨシ地、内湖に分けられる。地元の南小松地区で明治初期に作成されたと思われる湖岸部の絵図[(2)]によると、この砂浜・松林は、河川沿いなど水害の被害を受けていた田畑と同じく「村持」と記されていることから（図7-3）、非課税の共有地という所有形態であったと考えられる。その後、明治初期に琵琶湖水面と接する砂浜は官有寄洲となり、後述する戦中の接収期を経て、戦後には滋賀県有寄洲となって現在に至っている。

一方、砂浜に続く松林は、一九二六（大正一五）年に大字南小松を所有者として登記され、部落有財産に加えられた。太平洋戦争が始まると、浜一帯は日本軍、戦後は米軍の接収地となり、一九五二（昭和二七）年に接収が解除されるまで利用が規制

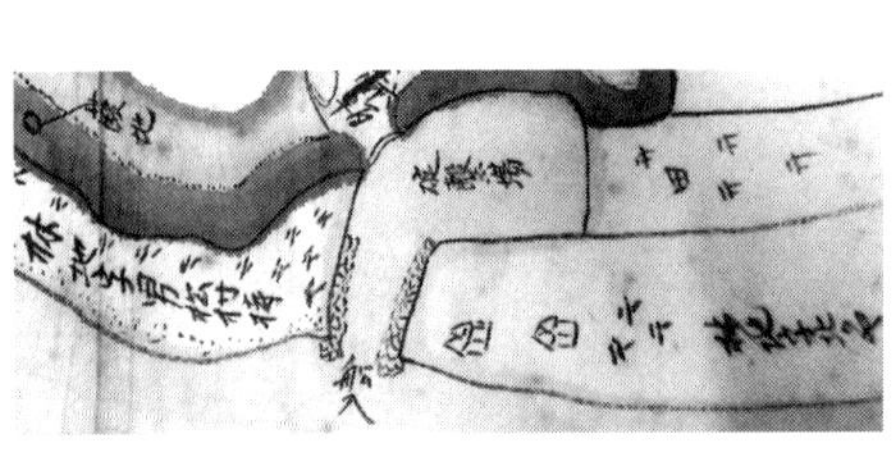

図7-3　明治初期の近江舞子浜周辺

出所）南小松入会地管理会

されていた。一九五四（昭和二九）年に地方自治法が改正され、一九五五（昭和三〇）年に南小松が属する小松村が合併し志賀町となったことを契機に、松林は財産区の保有となった。こののち一九九〇（平成二）年の志賀町財産区条例廃止に伴い、松林は南小松区に返還され、さらに平成のなかごろには南小松入会地管理会の保有財産となって現在に至っている。

葭地は、主に水生植物のヨシが生育する湿地のような環境である[3]。一八八五（明治一八）年に南小松村が買い入れたが、登記法が施行された翌一八八六年に、これを代表者名義で民有地として登記している。このため隣接する松林とは異なり、葭地は公有化されることなく、現在まで集落の入会地として管理されてきた。ヨシはもともと家屋の屋根材などとして利用されていたが、現在は大部分が観光客向けの駐車場となっている。

内湖は、明治初期に官有地第三種に指定された。もともと南小松地区では、泥や藻草をとって肥料にしたり、定置漁具である魞を設置したりするなど内湖の資源の価値は高く、明治一〇年代には官有地の借り受けや払い下げを求める請願が幾度か試みられたことがある[4]。さらに詳細は判明しないが、一九三三（昭和八）年三月までは内湖が実際に南小松の区画漁場として認可を受け、魚類の養殖が行われていた[5]。官有化を経ても、入会地に近い利用と管理が続けられていたことが分かる。

入会地の管理組織の変遷

つぎに、各種の入会地の管理にあたっている団体の制度的な沿革をまとめておこう（図７-４）。まず明治から大正期にかけては、葭地の管理にあたり登記名義人となった集落の代表者らによる地主会が開かれており、南小松地区の協議会[6]でも入会地の利用に関する議論がなされていた。また戦後には、先述のように松林が財産区の保有となったことを機に、一九五五（昭和三〇）年に財産管理委員会が設置された。この際、葭地については、財産区の保有とは異なる土地財産として明確に管理するため、信託財産委員会を設けて信託登記が行われている。

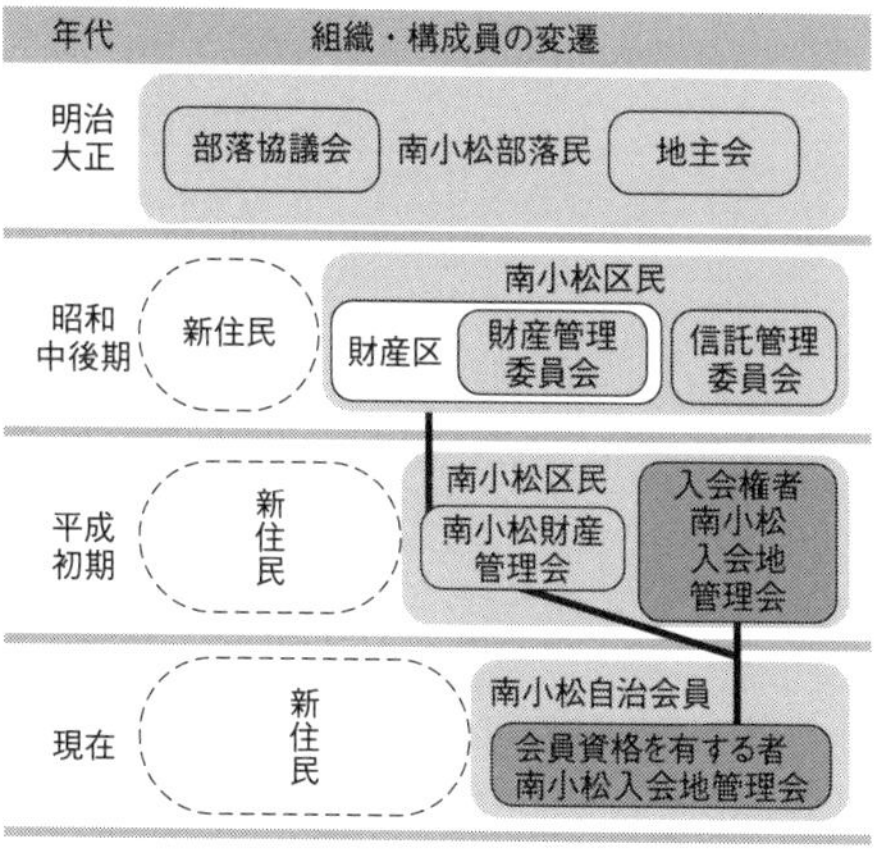

一方、戦後には大規模な宅地開発による新住民の流入が増え、入会地の権利者に関する議論がおこり始める。これに対し、一九八八（昭和六三）年に、入会権者を整理するため設立されたのが、（旧）南小松入会地管理会である。これにより葭地（現・駐車場）は南小松入会地管理会の入会権者全員の共有へと変更される。同時期には「南小松財産管理の基

図7-4　土地管理組織と構成員の変遷

注）成田茉優作成

本理念」が住民により文書化され、組織の規約や方針はこれに則り定められるようになった。

一九九三（平成五）年、財産区の保有であった松林の土地が地元に返還されたことから、独自に南小松財産管理会が設けられ、それまでの財産区の権利範囲を引き継ぐ形で管理にあたることになった。二〇〇一（平成一三）年には、機構の改革と財政の効率化を図るため、（旧）南小松入会地管理会と南小松財産管理会が統合し、現在の南小松入会地管理会が設立された。この際、松林は代表者名義で信託登記された。こうした経緯により、現在では同会が任意団体として松林と葭地の管理にあたっているのである。

3　観光開発・景勝地保全と地域社会

ここまで振り返ってきた湖岸の入会地の管理体制は、冒頭で紹介したような近江舞子浜の観光開発や景勝保全の活動とどのように関連しているのであろうか。さらに、現在に至る水泳場の隆盛は、どのような経緯でもたらされたのであろうか。明治後期、大正期から昭和初期、昭和戦後期、そして平成から現在という四つの段階に分け、近江舞子浜をとりまくできごとをたどりながら、地域社会がこの湖岸を入会地として管理してきたことの意義について考えていく(7)。

明治後期――観光開発の始まり

一九〇〇（明治三三）年六月、雄松崎に太湖汽船会社の船が一日二回寄港するようになった。新興の観光地である近江舞子浜にとって、この汽船はきわめて重要な役割を果たすことになる。当時は乗り降りには艀を用いていたが、一九〇六（明治三九）年には小松桟橋合資会社により桟橋が新設され、天候に左右されず汽船が寄港できるようになった（志賀町史編集委員会編　一九九九：二〇四―二〇七）。そしてこれを機に地元では住民自身による様々な観光開発が始まる。

南小松地区の協議会では「雄松公園」を開発する案が決議され、一九〇〇（明治三三）年に料理店「雄松浜倶楽部」が作られた。集落内で共同出資者を募り、民有地の葭地や宅地を用いて建設されたものである。倶楽部では南小松の名物である鰣[8]と酒を提供し、汽船の切符取扱所もここに付置された。経営も住民自身によるもので、風水害に伴う建物の修繕、松葉の処理や松の伐採などは住民が担い、それにかかる費用は村方惣割勘定として南小松地区内で分担されていた。倒木や切り落とした松は売却されて地区の運営資金となり、村役場へ共有地諸税を納める財源にもなっていた。

一九〇二（明治三五）年発行の『滋賀県管内全図』には、つぎのような観光情報が掲載されている。

雄松崎　滋賀郡小松村にあり琵琶湖岸に傍ふて白砂青松遠く相連り水清く繊鱗数ふべし、春夏の交鰣

図7-5　地曳網と観光客の絵はがき（大正〜昭和初期）

出所）渡部圭一所蔵

> を多く漁獲するを以て遠近の雅客来りて観魚の遊をなすもの年々其蹤を絶たす、殊に後に比良の峻嶺を控へ前に太湖の瀲灎を抱き、宛然一幅画図の間に在るが如し

このころすでに鰣の漁と白砂青松の風景が人々を魅了していたことが分かる。

とくに鰣を対象とする地曳網漁は、南小松独自の漁法で、昭和戦後に至るまで近江舞子浜の一大名物となっていた。その様子を物語る絵はがき写真をいくつか示しておこう。図7-5は地曳網漁の様子を写したものである。体を反らせて網を引く人々は、衣服からみて地元の漁業者のようだが、よくみると周囲を多数の見物客がとりまいている。浴衣姿で網を覗き込む男性や、カメラに向かい直立不動の姿勢をとる少年なども明らかに観光客だ。ここには地域の漁撈活動が観光客に「みせる」ための観光地曳網へと移り変わっていた様相を読み取ることができる。

近江舞子（雄松崎）の観光開発の始まりは、これまでみてきた通り、地域住民が共同の組合事業としていち早く取り掛かったことが特徴的であるといえる。琵琶湖における広域的な観光開発論の先駆けとなる動きが、一九一二（明治四五）年七月一九日の大津市林野講習会において行われた本多静六（東京帝国大学教授・林学博士）の講演であったと指摘されている（山口 二〇一六）ことに照らしてみても、近江舞子浜の観光開発は琵琶湖において先駆けとなる取り組みだったといえるであろう。

大正期から昭和初期──汽船の時代から鉄道の時代へ

これにつづく大正時代は、観光船の定期運航の開始や豪華遊覧船の就航をみた時期として知られている。太湖汽船会社では、一九一四年（大正三年）四月から「島めぐり」の定期遊覧航路を開設、一九二二年（大正一一年）には純遊覧船の新造が話題を呼ぶと、これを目当てに京阪神からの遊覧客が著しく増加した（琵琶湖汽船株式会社編 一九八七：五六―五七）。聞き取りでも、朝、多数の汽船がきて水泳客を降ろし、そのまま午後の帰りの客をまつ汽船が比良川河口の砂浜に船首を突きさすようにして停泊していた光景がみられたものだという。

大正年間が観光汽船の時代だとすれば、昭和戦前期は鉄道の時代といえる。一九二六（大正一五）年八月に江若鉄道の近江木戸―雄松間が開通し、のち一九二九（昭和四）年には駅名が雄松駅から近江舞子駅と改称される（大津市歴史博物館編 二〇一五）。一九三三（昭和八）年には史蹟名勝天然記念物法による名勝地に指定され、年間数万人の観光客が訪れるようになった。一九三四（昭和九）年に室戸台風で松林に倒木被害が出た際には、企業（太湖汽船、京阪電気鉄道）と行政が南小松地区に対し復旧費補助を行い、南小松の住民によって復旧作業が行われている。

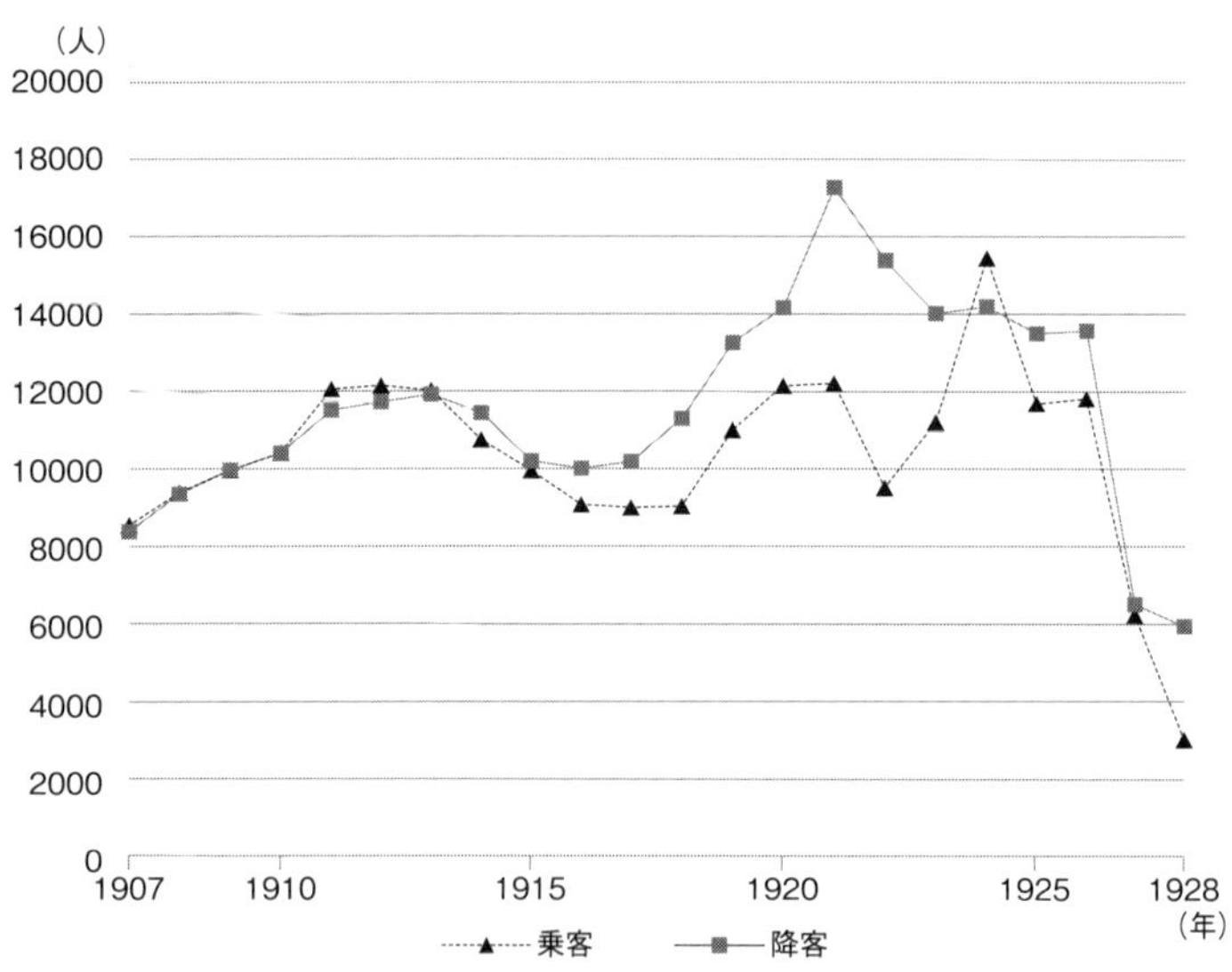

図7-6　近江舞子港の汽船客の推移

注）滋賀県統計書をもとに渡部圭一作成

この時期の汽船客の推移をみてみよう（図7-6）。乗降客数は順調に増加し、大正一〇～一一年ごろにピークを迎える。昭和初めに急減するのは江若鉄道の影響であろう。汽船の時代から鉄道の時代への転換がこの昭和戦前期であるとすれば、つづく戦後にはバスや自家用車の時代を迎えることになる。さらに遅くとも昭和初期には、図7-7のような水泳場の絵はがきも現れる。明治後期以来の観光地曳網は徐々に下火になり、浜の賑わいは水泳場の隆盛に切り替わっていくことになる。

戦前期の重要なできごととして、一九三五（昭和一〇）年に地元住民により近江舞子保勝会が設立されたことがあげられる。これにより地元・行政・企業の連携による観光開発と景勝保全が大々的に行われるようになった。近江舞子保勝会では、鉄道の発車時刻や注意喚起をする放送器や案内所を設けて利便性の向上を図ったほか、共同炊事場、飲料用水場、制札などの設置といった観光開発事業を進めた。さらに年々激増する観光客のなかには、風紀を乱し、風致を害する者がいるとして、キャンプ利用は住所・氏名・年齢・職業などを届け出た者のみを可とする認可制を導入したり、南小松男女青年団に依頼して清掃や松葉の処理、花菖蒲の植栽をしたりするなど、幅広い景勝保全活動を実施していた。

近江舞子保勝会のもう一つの役割は、入会地の土地の賃貸借契約を担ったことである。増加する観光客に対応して、一九三六（昭和一一）年には地元住民による民宿・売店の建築が相次いだが、当時の近江舞子浜はすでに名勝地の指定を受けていたため、建築物の建設と増改築には滋賀県の許可が必要となった。このため近江舞子保勝会が地主的役割を担い、民宿や売店は一〜二年契約で入会地を貸与されて建てられることになった。一九三六（昭和一二）年には、地域外の企業による近江舞子温泉ホテルが落成し、さらに賑わいを増していく。

図7-7　水泳場の絵はがきの一例（大正〜昭和初期）

出所）渡部圭一所蔵

昭和戦後期——観光開発と景勝保全のはざまで

戦後の一九五二（昭和二七）年に浜の接収が解除されると、近江舞子浜の観光開発は急速に進んでいくことになる。近江舞子保勝会の活動も戦後に再開され、昭和五〇年ごろまで引き継がれる。当時の議事録などによると、近江舞子保勝会による景勝保全の活動は戦前と比べて縮小し、道路や駐車場の設置など観光開発に力を入れた活動が目立つようになる。終期の活動は土地の賃貸借契約が主な業務であったと考えられる。近江舞子保勝会に代わって景勝保全を担ったのは南小松地区であり、台風後の倒木処理や清掃活動が住民によって行われていた。

一九五六（昭和三一）年に、先述した史蹟名勝天然記念物法による名勝地の指定が解除される。これは民宿の建設が増加し、松林が減少したことによるものである。利用客の急増に伴い、ふたたび利用者のマナーが問題となり始め、派出所の建設などの対策もとられる。

一九五五（昭和三〇）年に財産管理委員会が設立される。近江舞子浜の入会地のうち松林は、代表者の個人名義で登記された共有の土地であったため、昭和初期と同じように近江舞子保勝会が管理および運用を担った。一方、財産区の保有する土地にあった既存の民宿との土地賃貸契約は財産管理委員会が行うことになった。この時期には賃貸借に関する問題も浮上し、組織編成に伴い入会権の整理や、名義の信託登記などを行ったり、ときには司法書士を招いての会議が開かれたりと、複雑な問題への対処が行われていた。

このように地元中心の開発が進められた背景には、行政や民間企業と地元との合同の開発会社の設立が中断した経緯があったことがあげられる。当時の新聞報道によると、ホテル建設などを目的とした「雄松開発会社」と称する会社の設立が企図されていた。ところが県や企業が近江舞子保勝会の活動意義を認めないような方針を決定したことで、保勝会が合同の開発計画から脱退する姿勢をみせたことが記されている。外部の企業による開発計画が頓挫したことも一因となって、あくまで地元組織による観光開発が続けられたのである。

平成から現在――持続する入会地の共同管理

平成の初期になると、景気の低迷も影響し、夏でも閑散とした光景がみられるなど、観光地としての発展が収束し始める。経営が不振に陥り休業する民宿も出る一方、固定資産税の増額によって土地賃貸料の値上げが避けられず、地元の組織も民宿業者も経済的苦境に立たされていた。

地元の組織においては、この間、一九八八（昭和六三）年に（旧）南小松入会地管理会、二〇〇一（平成一三）年に現在の南小松入会地管理会が設立される。これにより土地財産管理主体（南小松入会地管理会）と営利事業主体（南小松自治会、民宿業者によって構成される近江舞子観光協会）が分離されることになった。現在は、南小松入会地管理会が南小松自治会に駐車場用地を、自治会員に民宿・売店用地を貸し、得られた賃貸料で固定資産税と都市計画税を収め、松林の手入れや除草、浜かけ対応として砂の搬入などの景勝保全活動を担っている。南小松自治会は夏季の近江舞子水泳場を運営し、清掃活動や駐車場の整備などにあたっている。[9] 二〇一八（平成三〇）年の台風による倒木被害の際には、自治会員総出で復旧作業が行われた。

地縁団体の法人化に伴い入会地が公有化する現代の流れとは逆行するかたちで、南小松においては伝統的に受け継がれてきた景勝地がいまも現地の任意団体によって共同管理されている。なかでも入会権を規定した南小松入会地管理会の新設（一九八八年）は、その目的に則った事業と活動のための組織編成が地域内で可能になったという意味で、特徴的であり転換点であったといえる。公益的な利益配分を前提とした入会地保全の母体組織が存在したことが、地域社会における持続的な共同管理と運営を可能にしてきたのである。

4　近江舞子浜の行方――浜かけ、松枯れ、そして……

明治以降、土地所有権の近代化に伴い、林野、池沼などかつての入会地の多くは国有地または公有地となり、国や地方公共団体、財産区により管理されるようになった。近年では地縁団体の法人化が進み、認可地縁団体による管理もみられるようになり、地域経営や地域運営などが掲げられ、コミュニティによる地域資源の活用が進められている。地域の歴史をさかのぼると、日本では入会による資源の活用がなされていたことが本事例をみても分かる。

昨今、この近江舞子浜では、台風による倒木被害や砂の流入が減少したことによる浜かけ、さらには琵琶湖沿岸で発生している松枯れ問題への対策や管理など多くの課題が浮上している。また人口減少と高齢化の進む中山間地域では、財産区財産を地域資源として活用するための担い手不足やその手段が見出せないことが課題となっており、都市部や観光開発地においては利権問題が発生している。土地管理や景勝保全などにみられた課題を解決していくためには、地縁を活かした共同精神での持続的な管理・運営に加え、組織内外の知的資源を流動させ増進する仕組みが必要であり、今後は専門家や研究機関などの外部機関とのより積極的な連携が期待される。

当地では、市民団体「近江舞子内湖を愛する会」が長年にわたりヨシ刈りを地元の小学校とも連携して実施するなどの環境活動に取り組んでいる。また、二〇二一年には「南小松沼（内湖）自然再生協議会」が発足し、内湖および内湖周辺の希少な生き物が生息する環境や、それらに関連した地域文化の保全に関する取り組みが始まっている。これらの活動は、もともと地域に住む住民のみならず、新たに住み着いた住民や、近江舞子の自然環境を守りたいと望む外部者など、様々な人がネットワークを形成し、ともに地域活動を行っていくことで、その地域の多様な価値を再評価し、保全につながる取り組みとなっており、その行く末を見守りたい。

注

（1）近世~近代には「雄松崎」や「雄松浜」と呼ばれたが、のちに兵庫県神戸市の名勝「舞子の浜」になぞらえて近江舞子の名が用いられ、江若鉄道の雄松駅も一九二九（昭和四）年に近江舞子駅に改称されるなど、徐々に新しい呼び名が定着してきた経緯がある。本章では煩雑を避けるため近江舞子の名称に統一した。

（2）南小松入会地管理会資料。

（3）資料により葭原、萱場などの表現も散見するが、本章では滋賀県で一般に用いられる「葭地」に統一した。

（4）一八八二（明治一五）年一二月一四日の「沼地拝借御願書」、一八八三（明治一六）年五月二八日の「官地御払下ヶ願書」による。いずれも南小松入会地管理会資料。

（5）一九三五（昭和一〇）年八月二七日の「名勝地指定地域内池沼借受願」（南小松入会地管理会資料）による。

（6）ここでいう協議会とは、当時の南小松地区の住民による自治組織やその寄合を意味する。

（7）以下の歴史的な記述は、引用を明記したもの以外は、南小松入会地管理会資料および南小松地区での聞き取りに基づいている。

（8）ハス。コイ科の淡水魚。後述するように近江舞子浜における夏季の地曳網漁は主にこのハスを対象とした。

（9）ここでは、強風などが理由で湖岸の砂地が削り取られる問題をさす。

参考文献

大津市歴史博物館編　二〇一五『江若鉄道の思い出——ありし日の沿線風景』サンライズ出版
鍛治宏介「近江八景詩歌の伝播と受容」『史林』九六（二）、二五一—二八七頁
木津勝　二〇〇五「絵葉書で見る近江八景」『近江地方史研究』三七、四七—五六頁
滋賀県教育委員会編　一九八三『湖南の漁撈活動（琵琶湖総合開発地域民俗文化財特別調査報告書五）』
志賀町史編集委員会編　一九九九『志賀町史第二巻』滋賀県志賀町
西野麻知子・秋山道雄・中島拓男編　二〇一七『琵琶湖岸からのメッセージ——保全・再生のための視点』サンライズ出版

成田茉優・落合知帆　二〇二〇「地域組織による入会地管理の歴史的変遷――滋賀県大津市南小松の観光開発と景勝保全を実例として」『都市計画論文集』五（三）、七六一―七六八頁

琵琶湖汽船株式会社編　一九八七『琵琶湖汽船一〇〇年史』

山口敬太　二〇一六「大正期の琵琶湖南部における「風景利用」計画と名勝仮指定による景勝地の保護と利用」『ランドスケープ研究』一〇、五―一三頁

第8章　石材利用と地域文化

渡部圭一・落合知帆・佐藤啓花

1　石の文化の広がり

滋賀県大津市の北部に位置する比良山地は、良質な花崗岩の産地である。京都の白川石に次ぐ銘石として知られ、神社の鳥居や狛犬、石段、庭に据える燈籠、家屋や蔵の建築を支える基礎石、さらに石垣や庭石などに幅広く利用されてきた。現在でも比良山麓地域には、かつて石材業に従事した職人である石工たちが残した製品、仕事に欠かせない石工用具や記録が数多く残されている。聞き取り調査では、かつて比良の山で石をとる仕事に携わった経験の持ち主に出会うこともできる。

一八八〇（明治一三）年にまとめられた『滋賀県物産誌』は、伝統的な生業に関する情報が豊富なことで知られている。同書のうち北比良村（現在の北比良地区。以下同じ）の項をみると、物産として「割石」があげられ、戸数一三六軒のうち「工」（各種の職人を示す）が三五軒を占めている。

他にも比良山麓の木戸村から北小松村にかけて、石工の存在や石材の生産を示す記述が多く（滋賀県市町村沿革史編さん委員会編 一九六二：七三―七八）、比良山麓地域の石材業の発達ぶりを読み取ることができる。

花崗岩は深成岩の一種で、主に石英、カリ長石、斜長石、黒雲母からなる。粗粒の結晶であるため、みがくと艶が出るという特徴がある（乾 二〇一二など）。同じ比良山麓の花崗岩でも、とれる場所によって質や大きさが微妙に異なり、石質の特徴に合わせた利用がなされていた。こうした自然条件の違いは、石工のすむ地区ごとに産物の特徴が多様化する要因にもなっていた。

例えば北比良地区でとれる石は主に「長石」に加工された。これは家屋の基礎石などに利用される大形の石材である。北比良の山の花崗岩は比較的粗粒で真っ直ぐ割れやすいこと、また地形的にも谷が深く、大形の石がとれやすいことから、その条件を生かした長尺の製品が盛んにつくられた。一方、比良川を隔てて隣接する南小松地区では、北比良に比べると小形の石が多く、一部では細粒で細工に向いた花崗岩が産出した。そのため「細工もの」と呼ばれる精巧な加工を施された燈籠などが盛んに製作された。

比良山麓地域の集落では、今日でも家々の随所に地元の石材の利用をみることができる。それだけではなく、琵琶湖の波除石垣や河川の堤防、農業に欠かせない用水路などにも、幅広い石材利用の痕跡が残されている。比良山地の恵みを生かした石の文化というべきものが形成されてきたといえる。そこで本章では、石の文化を生み出した地域の人々の有形無形の営みをめぐるフィールドワークの成果から、人と自然の関わりの実態とその移り変わりについて考えることにしたい。[1]

2　石材の生産過程

親方と丁場

比良山麓で石材がどのように生み出されていたのか、まずは北比良地区をとりあげてその過程を紹介しよう。北比良の石工の多くは、一つは「親方」と呼ばれる特定の家に属して山の石材の切り出し、搬出、加工に従事していた。石材がとれる山は北比良地区の共有山であったことから、親方は入札によって採石の権利を獲得する必要があった。採石場に丁場を構えたあとは石材の受注や販売を管理し、雇った職人に月ごとの作業日数に応じて賃金を支出するといった事務全般をこなすのも親方の勤めであった。

親方は、主に北比良に二軒、南比良にも二軒あった。ここでは北比良の「親方」の一人、比良岡家の経営に注目する。比良岡家では、昭和戦前期には多いときで一五～二〇人ほどの職人を雇って操業していた。一九二六（大正一五）年生まれの比良岡七郎さんは、一九四一（昭和一六）年三月に高等小学校を卒業し、すぐに家業の石材業に従事した経歴の持ち主で、戦前期の北比良の石工の盛んな仕事ぶりを鮮明に記憶している。「その時分は石屋（石工）の全盛期やったやろ、その時分にはこの在所は石関係のお金がどいどい入ったやろ」という。

比良川の本流をのぼった標高四五〇〜六五〇メートルのあたり、通称「城岩」と呼ばれる場所に、一九二九（昭和四）年ごろから昭和一〇年代にかけて比良岡家の丁場があった。北比良の採石方法とは、斜面上にある巨大な石を、斜面下の比良川の河川敷に向けて一気に落石させるというものである。この石を数年から十数年かけて少しずつ割り、徐々に搬出していく。つまり一つの石を落として割り終えるまでが丁場のサイクルということになる。河川敷から少し上がったところには、職人たちが昼の休憩をとる小屋（通称「山の小屋」）が設けられていた。

石工の作業工程

巨大な石は、初めに火薬を使って「大割」する。火薬を詰める穴をあけるには、最大三メートルもある長いテッポーノミが用いられた。初めはマルノミで浅めに穴を掘り、つぎに徐々に長いテッポーノミに持ち変えながら穴を深くしていく。比良岡さんによれば、一本の穴を完成させるのは二〇〜三〇日もかかる大仕事で、「まあまあ、気の長い、銭の高い穴やったな」という。こうして大割された石は、さらにノミと矢を使って所定のサイズに整えられ、クルマを使って山道を搬出されていった。

山から浜への「石出し」（運搬）にはトンボグルマが使われた。これは頑丈な台木に金属の車軸を通し、タマと呼ばれる車輪を取りつけた二輪車である。長い梶棒を腕で抱きかかえるようにして操り、曲がりくねる急斜面の道を下っていく。坂道では重心が前に傾くと下敷きになってしまう危険があるため、カニのように身体を横に向け、石の後尾には子どもを重石代わりに乗せることもあった。平坦地まで下りてくると、タマカエバ（車輪を交換する地点）で直径の大きいタマに変えて効率よく運ぶ工夫もあった。

北比良の石工にとって、山の丁場と並ぶもう一つの作業拠点が湖岸の「浜」（砂浜）であった。ここには親方や個々の職人の小屋（通称「浜の小屋」）が立ち並んでいた。浜の小屋での主な作業は、石を規格通りの細長い形に整え、出荷できる状態に仕上げることである。石の表面にノミとツチで一列に穴をあけ、ここに楔状の「矢」を差し込み、これを重いゲンノウで叩いていく。「目」と呼ばれる花崗岩の節理を見極めるのが重要で、石がひび割れるかすかな音を聞きながら少しずつ叩いていく。

さいごは積み出しである。搬出に従事するのは大形の輸送船である丸子船を所有する船頭で、石を運ぶのはとくに「がんこ」な船（丈夫な材料でできた船）が選ばれた。浜の小屋が建ち並んでいる砂浜には、すぐそばに丸子船を横付けにすることができた。広い砂浜の地形を生かした出荷方法であったといえる。以上のように、石を落とす、石を運搬する、浜の小屋で仕上げる、そして船で運び出すという一連の作業は、それぞれ専門分野に特化した職人の分業によって成り立っていたといえる。

3　屋敷地にみる石材利用

石材の加工と規格

これまで述べたような工程で作られた石材は、どのように利用されたのだろうか。「長石」は、琵琶湖を介して湖東地方や湖北地方へ運ばれ、神社の鳥居や近江商人の邸宅などで多用されたことが知られている（田井中 二〇〇九）。もちろん石材の産地である北比良地区においても様々な石の利用がみられる。家屋の石材利用は地域や住宅によって多様であるものの、地域外で用いられている比良山地に由来する石材と、地区内で用いられている石材を見比べると、その質や大きさには何らかの違いがみられる場合がある。

図8-1は、湖東地域の邸宅で用いられていた石材である。表面が滑らかに加工され、面取りが施され、また色や大きさが均一である。これに対して、図8-2のように北比良地区の蔵や家屋に使用されている石材は、表面に凹凸があり、形が不整形で、長さや色にばらつきがあるものが多くみられる。高品質な石や念入りに加工された石が地域外に流通する一方、地元では、加工の段階で割れや凹凸が生じてしまった品を使ったり、さほど加工に手間をかけずに使う、いったん別の用途として使用された石材を再利用する、といった形がとられていたものと考えられる。

石工の経験者への聞き取りや石工が所蔵する文書の調査、石材の利用実態に関する現地調査によって、石材の供給拠点であった北比良地区の石工の加工技術、そして産地ならではの石材利用が明らかになってきた。

「長石」はその断面の大きさによって規格が決まっており、用途によって使い分けられていた。最も多く作られたのは四寸（約一二センチメートル）×五寸（約一五センチメートル）の「四五（しご）」で、住宅の基礎に用いられた。次に五寸（約一五センチメートル）×六寸（約一八センチメートル）の「五六（ごんろく）」は大きめの住宅や格式の高い住宅に、さらに巨大な一尺（約三〇センチメートル）×八寸（約二四センチメートル）の「一八（いっぱち）」は蔵の基礎に使われていた。隙間の薄い部分や化粧材には、三寸（約九センチメートル）×四寸（約一二センチメートル）の「三四（さんし）」が用いられた。

図8-1　湖東地域の石材利用
（2023年、落合知帆撮影）

図8-2　北比良地区内の石材利用
（2023年、佐藤啓花撮影）

また「長石」は、表面の仕上げの具合よって「上切り」「中切り」「荒切り」に分けられ、それぞれ価格に差がつけられていた（図8-3）。「上切り」の石材は、肌が白くひび割れがないなど、加工前の段階から石の質が良いことが重要であった。さらに槌（つち）の一種で

図8-3　石の表面の加工

注）比良岡七郎さんの聞き取りをもとに佐藤啓花撮影・作成

あるブンデラを用いて表面が丁寧に仕上げられ、その製品は近江商人のような有力者の邸宅や、地域内でも村役人を勤めるような家々の屋敷で好んで用いられた。一方、表面に凹凸や傷があると「中切り」、さらにはノミで仕上げただけで大きな凹凸が残る石は「荒切り」と呼ばれた[2]。

家屋を支える石材

北比良地区で生産された石材は、地元ではとくに住宅の基礎部分や玄関部、水回りなどに多く用いられた。聞き取りによって明らかとなった施工工程をみていこう。

まず地面に穴を少し掘り、「コッパ」（石材を加工するときに出る石の破片）を入れて地盤を安定させる。その上に直径四〇センチメートル～一メートル程度の切石を置き、突き固める。切石が地面に埋まったら、ようやく上に「長石」を横に寝かせた基礎石を据え、さらにその上に土台が配置される（図8－4）。基礎石には、土の地盤と木材を直接触れさせないことで、木の腐食やシロアリの被害を防ぐという役割がある。同様に、台所や風呂などの水気がある場所にも石材が多用されていた。

玄関部分では、上り框（あがりかまち）の前に「踏み石」が置かれる。これは人の往来によって土間が削れるのを防ぐためである。また玄関引き戸の敷居の下には延石が敷かれる。玄関はとくに人の目によくふれる場所であるため、多くの住宅で上質の加工が施された石材が用いられた。この他、家の外周には、屋根からの雨水で建物が泥はねを受けたり、土が流されたりするのを防ぐための「犬走り」と呼ばれる石材が配された。

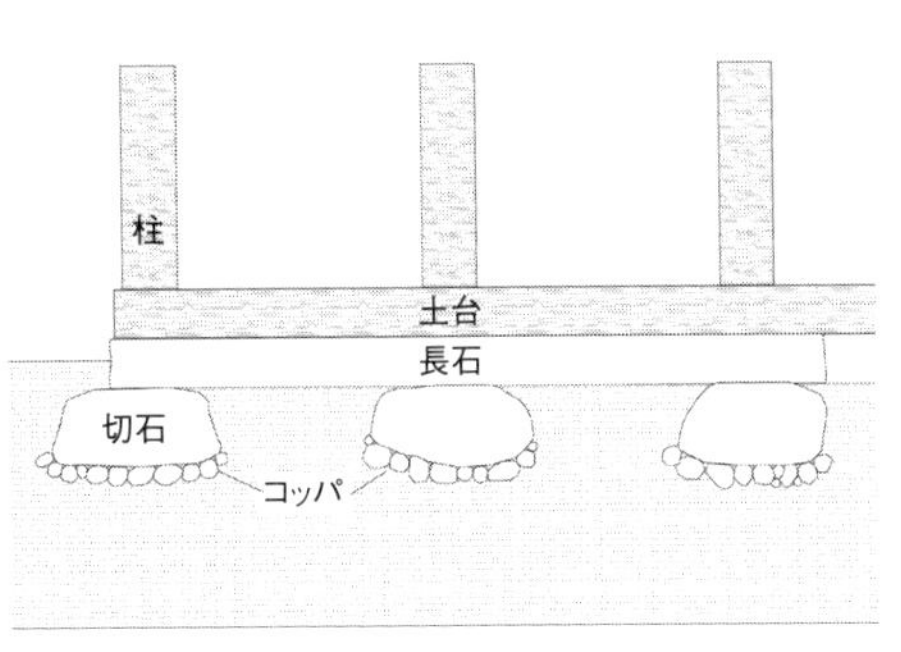

図8-4　住宅基礎部分の石材利用
注）佐藤啓花作成

また蔵は、住宅よりも分厚く重たい壁を支え、湿気や火災から財を守る必要があるため、より断面の大きい長石が用いられた。

石材の産地ならではの特徴として、長さや色味、質、加工の程度などが異なる石材が、場所や用途に応じて使い分けられている。その他、古い石材の再利用の例をみることもできる。例えば北比良の集落では、解体された家の基礎石が庭に積んである様子をみかける。かつてはこうした石材が家屋の改築時や別棟の建築時に再利用されたのであろう。現在では、古い石材を花壇や垣根、玄関の装飾などに転用する場合も見受けられる。石材は、人々の生活に合わせて用途を変えながら使い続けることのできる、機能的な材であるともいえる。

庭を彩る石材

家屋における石材の利用形態とともにあげておかなくてはならないのが、庭などに装飾的に配される製品である。その産地になっていたのが、石の「細工もの」を得意とする石工が数多く活動していた南小松地区である。明治初期の絵図をみると、山から浜への石出し道に沿って石工の作業小屋が建ち並んでいる様子が分かる。一九三二（昭和七）年の記録でも、南小松地区には七一人の石工がいたと記述されており、これは（旧）小松村では最多の規模であった（志賀町史編集委員会編一九九九）。

南小松地区にある八幡神社には、明治時代に活躍した名工たちが製作した狛犬や燈籠が奉納されている他、野面石で作られた高さ三メートルもある巨大な化燈籠、大形の石で組み上げられた石垣などが残っており、当時の石工の高度な技巧と彼らの経済力を物語っている。聞き取りでも「ほとんどといっていいほどの住民が、なにかしら石材業に関連していた」といわれるほど、南小松では石工が主要な生業であった。

南小松が生んだ名工として知られるのが、西村嘉兵衛である(3)。嘉兵衛は、明治から昭和初期にか

図8-5　西村嘉兵衛作の奥之院燈籠（2021年、落合知帆撮影）

図8-6　西村嘉兵衛作の雪見燈籠（2021年、落合知帆撮影）

けて三代にわたって活躍した石工で、彼らの作品は「嘉兵衛燈籠」と呼ばれた。嘉兵衛の名は滋賀県内だけでなく京都や三重までとどろき、富裕な近江商人たちもこぞって注文したことが知られている。西村家の売上帳をみると、奥之院燈籠（図８-５）、蓮華寺燈籠、雪見燈籠（図８-６）など各種の燈籠や大型の水鉢（図８-７）がさかんに製作されていたことが分かる。その他、庭に配される伽藍石や沓脱石、そして石臼なども主要な商品であった。

図8-7　西村嘉兵衛作の水鉢（2021年、落合知帆撮影）

嘉兵衛燈籠の納品先をみると、彦根、能登川および湖西地域（旧・志賀町および高島市）を中心に、八日市、近江八幡、五箇荘、蒲生、甲南、甲賀、守山、さらに京都など広い範囲に分布している。燈籠は宝珠、笠、火袋、中台、竿といった部位ごとに分解することができ、各部位をそれぞれ固定することで、船、汽車、自動車など多様な方法で遠隔地まで輸送されていたようである。もちろん嘉兵衛だけでなく、同地区の多くの石工たちによって地元向けにも多くの製品が製作・販売され、家々の庭に彩りを加えたものと考えられる。

4　山を荒らし、山を守る——石工の災害対応

山荒道の修復

これまでみてきたように、比良山麓の石工たちは山から浜まで、比良山麓の起伏に富む環境を最大限生かして生業を営んできた。彼らは地域の外に商品を送り出すだけでなく、地域内の暮らしに欠かせない石材を供給する役割も果たしていた。とはいえ、それは山の恵みを享受するだけの活動ではない。山に埋もれた石を取り出す労働は、それだけ山の環境を変える面をもっている。そして改変した環境をもとの姿に戻す作業も、石工たち自身が担うものであった。その例をいくつかあげておこう。

南小松地区には「山荒道覚帳」と題された明治期の帳簿が多数残されている（図8-8）。作成者は「南小松邨石連中」などと記されているので、当時、南小松には石工の同業者組合のような組織があったことが分かる。内容をみると、採石に関連していたと考えられる住民らの氏名、対象とする山または石出し道の場所、そして金額が記載されている。このことから、石工たちは組合組織を基盤として、石の採掘や運搬によって荒らした山や石出し道を修復するのにかかる金銭を負担していたと考えられる。

図8-8　南小松地区の「山荒道覚帳」

出所）南小松自治会

北比良地区でも、同じような山道の管理の慣行があった。重い荷を積んだクルマがひっきりなしに下りていく山道は痛みやすく、雨で凸凹になることも多かったが、そうした場合の山道の修復はあくまで「親方持ち」であった。比良岡家で、明治～大正期に書かれていた日記をひもとくと、「里道惣道作リ」のような集落の道普請と、「奥山道作リ」「蔭谷山道作リ」「早坂山道作リ」といった山の道普請が区別されて書かれている。前者が北比良地区の共同作業であったのに対し、後者は石工が使う山道を石工自身が直すという労働であった。

落石後の土砂留

北比良の採石方法もまた、山の環境改変の問題を抱えていた。北比良の採石方法は、斜面の上方から巨石を転がり落とすというダイナミックなものであったが、比良岡さんによると、その石は自宅の母屋をはるかに超えるほど巨大なものであった。これに従事するのは石落とし専門の職人で、斜面上にわずかに顔を出している石を見極めると、数か月から一年もかけてその周囲の土砂を取り除いて露出させ、火薬で爆破して斜面の下に落石させたという。

「ゴロゴローと、おそろし落ちよったゆうことやろ。落ちとったときは地震みたいなもんやったやろな」「とくに大山口はようけ石とったさけ、とったあとはよう荒れたあるわ」「木が生えるて、生えるより山が傷むほうが多かったんや」といった回想が示すように、人為的な落石は、山の斜面を大きく「荒らす」ものであった。つまり石が転がり落ちる斜面では樹木の生育が妨げられて地肌が露出し、土砂が流れ出しやすい状況になっていたのである。

明治期の北比良地区の文書のなかには、石工と北比良地区が共有山での石材の採取について取り決めを交わした契約書が散見される(4)。そのなかには、採石作業の過程で土砂が流出した場合にはただちに採石を停止することや、土砂の流出防止策をとることなどを申し合わせた事項がみられる。逆にいえば、採石によって山の斜面が浸食されやすい状態になり、比良川への土砂の流入の増加につながることを、石工はもちろん地域の人々も経験的に熟知していたのである。

実際に、比良岡さんの記憶する昭和戦前期の丁場では、図８‐９に示すような山の斜面の土砂留が施工されていた。落石後に、石工自らが山の斜面に数段の石垣を積み、そこにミズシデという成長の早い樹木を植栽していたという。こうした土砂留は、資料上は、遅くとも明治期には石工によってしばしば施工されていたことが分かる。行政の直接の指導によるわけではなく、下流の自らの集落への土砂被害を押さえようとする自治的な砂防として注目に値するものである。

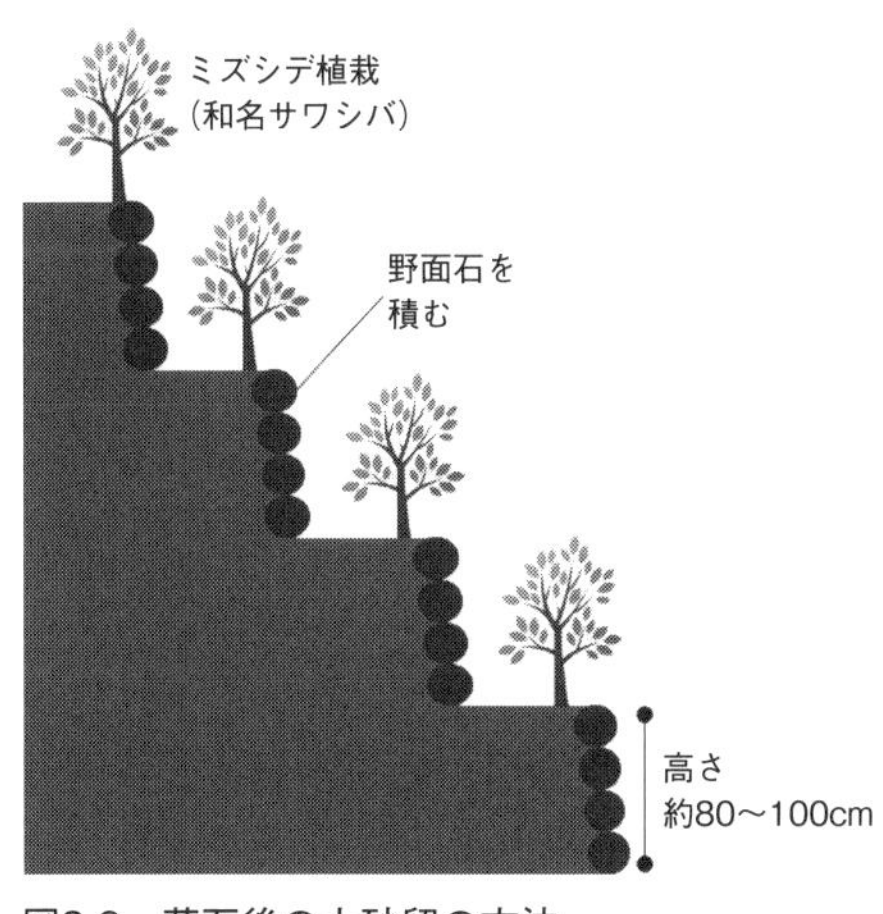

図8-9　落石後の土砂留の方法

注）比良岡七郎さんの聞き取りをもとに渡部圭一作成

聞き取りをしていて気づかされるのは、地元に暮らす人々が土砂の及ぼす影響にとても敏感であったということである。石工の仕事は、あくまで山を「荒らす」ものであり、それは必然的に土砂の流出につながる。人々は、日常の暮らしのなかで川や池や船溜まりや水路にたまる砂を観察し、「荒れた」山が生み出す砂の挙動をよく認識していた。[5] 過剰な採石に歯止めをかける取り決めが作られたり、土砂の流出を抑える対策が生業の一部に組み込まれていたりするのは、砂の影響を最小限に止めようとする在来の地域知の成熟ぶりを端的に物語っている。

5　石工たちの戦後

日中戦争の始まる一九三七（昭和一二）年ごろから、比良山麓の石材業は転機を迎えた。働きざかりの職人がつぎつぎと戦地に赴き、親方による組織的な操業が難しくなったことが主な要因である。また北比良では、終戦後の一九五四（昭和二九）年一〇月に比良川上流の河川敷と周辺の広い範囲の山（計四六ヘクタール）が砂防指定地とされた。比良川の砂防堰堤の設置が盛んになる一方、石工による大規模な採石は規制されるようになった。

石工の仕事も、こうした時代背景により大きく変わっていった。戦後は土木工事に必要な間知石[6]の生産に比重が移っていく。比良川の砂防工事でも、堰堤の施工のための間知石を作る作業は地元の石工に任されることになった。皮肉なことに、山から締め出された石工たちは、まさにその砂防事業によって一種の失業救済を受ける形になった。

現在、比良山麓地域では石材業はほとんど行われていない。しかし現地に赴けば、長きにわたり人々の生活とともにあった石の利用のわざや知恵をいまも目にすることができる。人々は石の特質を理解し、暮らしのなかに取り入れていた。また自然の恵みを得るだけでなく、それが環境に及ぼす負の影響をも認識し、山の管理をめぐる地域知を蓄積していた。比良山麓の石材利用の事例から、私たちは人々と自然との単純ならぬ共生のありかたを学ぶことができる。

注

（1）以下の北比良地区・南小松地区の石工に関する事項のうち、とくに引用を明記せず記述するものは、渡部が北比良の石材の生産工程に関して、佐藤と落合が北比良の石材の利用形態に関して、落合が南小松の石工に関して、それぞれ実施した現地調査に基づいている。また北比良の石工の親方である比良岡家の文書調査報告（渡部 二〇二三）に適宜依拠した箇所がある。

（2）石材の表面の加工方法やその呼び名については、地域や時代によって一定ではない。本章で述べる「上切り」「中切り」「荒切り」の説明は、戦前から昭和二十年代頃の北比良の石材の規格について、聞き取りと石工の記録をもとにまとめたものである。

（3）西村嘉兵衛の事蹟とその売上帳の分析については、別に詳しく報告している（落合 二〇二一、Shuwei・落合 二〇二二）。

（4）このような契約書については、先に明治一〇年代の一例を紹介したが（渡部・落合 二〇二三：九五）、これ以外でも、北比良共有文書（北比良財産管理会所蔵）には、一八八二（明治一五）年四月から一九三六（昭和一一）年一二月にかけて三〇件あまりの契約事例が見出せる。

（5）この背景としては、北比良の人々がつねに水害のリスクと隣り合わせの暮らしを送っていたことを考慮しなければならない。典型的な天井川の地形を示す比良川の流域では、洪水時には水とともに大量の土砂が耕地に流れ込み被害を拡大させた。こうした砂の問題に対する認識と対策については、本書第4章を参照されたい。

（6）正面は正方形、全体は四角錐の形に加工され、主に石積みに用いられる石材である。

参考文献

乾睦子　二〇一二「国内の花崗岩石材のあらましと現状――「稲田石」を例として」『国士舘大学理工学部紀要』五、七四―八〇頁

落合知帆　二〇二二「資料から読み解く滋賀県の名工・西村嘉兵衛の石燈籠に関する研究」『ランドスケープ研究』八五（五）、三九三―三九八頁

滋賀県市町村沿革編さん委員会編　一九六二『滋賀県市町村沿革史　第五巻　資料一　滋賀県物産誌』滋賀県

志賀町史編集委員会編　一九九九『志賀町史　第二巻』滋賀県志賀町

Shuwei Yang・落合知帆　二〇二二「近江石工・西村嘉兵衛の蓮華寺燈籠と奥の院燈籠の形態的特徴と技術」『ランドスケープ研究』八五（五）、三八一―三八六頁

田井中洋介　二〇〇九『大津市域における近世の石工たち』滋賀県文化財保護協会

渡部圭一・落合知帆　二〇二三「比良山麓の石工の仕事と資源管理」島内梨佐・深町加津枝・吉田丈人編『地域の歴史から学ぶ災害対応――Eco-DRR に関わる特徴的な伝統知・地域知』総合地球環境学研究所、八八―九五頁

渡部圭一編　二〇二三『比良岡七郎家文書目録』（近江村落の歴史民俗誌調査　第二集）、京都先端科学大学人文学部歴史文化学科

第9章　攪乱により維持される内湖周辺の湿地

丹羽英之

1　自然攪乱と人為攪乱

河川は降雨により出水すると、流水や流砂により河床の形状が変わり、ときに植生が流失するなど状態が大きく変化する（図9-1）。これを自然攪乱（かくらん）という。単に攪乱ということも多いが、本章では人為攪乱と区別するため自然攪乱という。例えば河川生態系は、この自然攪乱により変動する特性を持った生態系であるが、生息する生き物の多くはこの自然攪乱に適応しており、長期的には動的平衡状態が持続する。自然攪乱を受けることで、ある種の個体数が一次的に低下することはあっても、その流程に分布しなくなることはめったになく、時間が経てば個体群密度が回復する。これが、動的平衡状態である。ただし近年の激甚化した自然攪乱では、動的平衡状態が崩れる例が報告されている。自然攪乱が減少すれば、この動的平衡状態が変化するため、河川生態系にとって

図9-1　出水による自然撹乱を受ける河川（2017年、丹羽英之撮影）

自然撹乱は不可欠な要素である。

また、流水や流砂による自然撹乱は、災害を引き起こすことで、人間の生活を不意に脅かすことがある。そのため、河川を護岸で固めて河道内に流水を閉じ込める、ダムにより流水を制御するなど、私たち人間は自然撹乱を減少させるように自然を制御してきた。近年は、治水や砂防の発展により自然撹乱をかなり制御できるようになった。しかし、その結果、自然撹乱により動的平衡状態を維持してきた生態系に変化が生じている。例えば、湿地の自然撹乱の頻度や規模が減少し、より乾燥した立地へと変化し樹木が増加している。また河川では、自然撹乱の減少により、礫（れき）河原を植生が覆い、河原の樹林化が進行している（Nakamura et al. 2020）。自然撹乱が減少し生態系が変化することで、自然撹乱に適応して生きてきた生き物の多くが生息場所を失い絶滅の危機に瀕している（村中・鷲谷 二〇〇二）。

一方、私たち人間は、例えば草刈りや樹木の伐採などにより自然を改変してきた。このような人間による自然の改変を、自然撹乱に対し、人為撹乱という。人為撹乱には、開発に伴う生息地の消失など生態系にとって負の影響を与えることもあるが、里山に象徴されるように、樹木の伐採などによる人為撹乱が作りだしてきた生態系もある。年間降水量の多い日本では、撹乱がなければ土地の多くが森林になる。そのため、草原は草刈りや火入れなどによる人為撹乱がなければ持続しない。

そして、人為撹乱により持続する草原には、その環境に適応した多くの種がみられ、我が国の生物多様性にとって欠かすことのできない要素となっている。

２　比良山麓の内湖周辺の湿地

内湖の周辺には、内湖の水位変動や流入河川の流水、流砂による自然撹乱により形成される湿地がみられる（図９-２）。これら湿地では内湖の水際から、わずかな立地の高さの違い（微地形）によりエコトーン（移行帯）が形成されている。エコトーンには、地下水位や冠水頻度などの環境要因が異なるハビタットがモザイク状に分布している。そして、このような少しずつ異なるハビタットに多様な植物が棲み分けている。その多くが撹乱依存種と呼ばれ、自然撹乱によりエコトーンが動的に持続するような環境に適応して生育している。植物以外にも、春先にはニホンアカガエルやシュレーゲルアオガエルの産卵がみられるなど、エコトーンは多様な動物の重要なハビタットになっている。南小松地区では、比良山より流れ出る花崗岩由来の流砂による自然撹乱がみられることが特徴である（図９-３）。この流砂は災害の原因にもなり、南小松地区では流砂による自然撹乱との戦い

図9-2　内湖周辺の湿地
（2023年、丹羽英之撮影）

図9-3　南小松周辺に特徴的な流砂による自然攪乱（2023年、丹羽英之撮影）

が歴史や文化に大きな影響を与えてきた。

内湖周辺の湿地は、手つかずの自然ではなく、かつては水田として利用されていた場所が多い。地下水位が高く、営農する場所としてはあまり適していないこともあり、土地買収を契機に耕作されなくなり再び湿地になっているのが今日の姿である。人工改変されていない土水路が流れ、水田生態系の生き物が残存する重要な生態系となっている。耕作放棄されてから、ヨシ原で続けられてきたヨシ刈りを除けば、人為攪乱はなくなり、また、比良山麓における治山や治水対策により自然攪乱も減少し、近年は植生遷移が進行している。湿地に、数十年前はみられなかった高木のヤナギ類が増えていることは、攪乱の減少を象徴している。

3　攪乱依存種の分布

ノウルシ

近江舞子内湖周辺の湿地に生育する攪乱依存種の一つとしてノウルシがあげられる。ノウルシは、河川敷や、池や沼のほとり、湿原などの明るく湿った場所（＝氾濫原）に生える植物で、肥大した根茎が発達し群生する（黒沢 二〇一五）。近畿地方では、シュート（地上部）がみられるのは四月から六月で、この時期以外は休眠する春植物である（Yamasaki 1999, 黒沢 二〇一五）。生育場所の消失や自然撹乱の減少により日本全国で減少傾向にあり、環境省が準絶滅危惧種に指定している。近畿地方でも減少しているが、滋賀県では比較的広く分布し、近江舞子内湖周辺の湿地では、みごとな群生がみられる（図９-４）。

ノウルシも氾濫原に生育する撹乱依存種であり、エコトーンの微地形が生育に大きな影響を与える。そこで、約一年間、様々なセンサーを搭載したドローンを活用して調査し、ノウルシとエコトーンの微地形との関係を分析した（Niwa 2022）。その結果、近江舞子内湖周辺に生育するノウルシは、生育場所の違いから四つに分類できることが分かった。①自然に分布する個体群（以下「自然」）、②地域の人が草刈り（ヨシ刈り）している場所に分布する個体群（以下「草刈り」）、③グランピング施設の開発に伴い移植された個体群（以下「移植」）、④耕作放棄地や水路沿い、駐車場に分布する個体群（以下「その他」）の四つである。「自然」は、大小のノウルシの地上部のまとまり（以下「パッチ」）が混在していることから、年齢の異なる個体が生育しており、持続する可能性が高い個体群と考えられる。例えば、日本社会は少子高齢化が問題となっているが、

図9-4　近江舞子内湖周辺の湿地にみられるノウルシの群生（2023年、丹羽英之撮影）

社会が安定して持続していくためには、様々な年齢の人が偏りなく存在することが重要である。ノウルシも同様、年齢が異なる個体が混在している場所は、安定して持続する可能性が高い個体群だと考えられる。「草刈り」も、「自然」と類似し大小のノウルシのパッチが生育していることから持続する可能性が高い個体群と考えられる。一方、「その他」は、小さいノウルシのパッチが少ないことから次世代が育っておらず、持続する可能性が低い個体群だと考えられる。ドローンに搭載したレーザー計測器で測量することで、エコトーンの微地形を面的に把握することが可能になる。そのデータを用い、近江舞子内湖周辺に生育するノウルシと標高との関係を分析した（図9-5）。「自然」は、最も標高の低い場所に分布していることが分かった。「草刈り」は、「自然」と同じような標高に加え、より標高の高い場所にも分布していることが分かった。「移植」や「その他」は、「自然」より標高の高い場所に分布していることがみえてきた。「自然」の分布する標高がノウルシに最も適していると考えると、「草刈り」はそれより広い標高の範囲に生育し、「移植」や「その

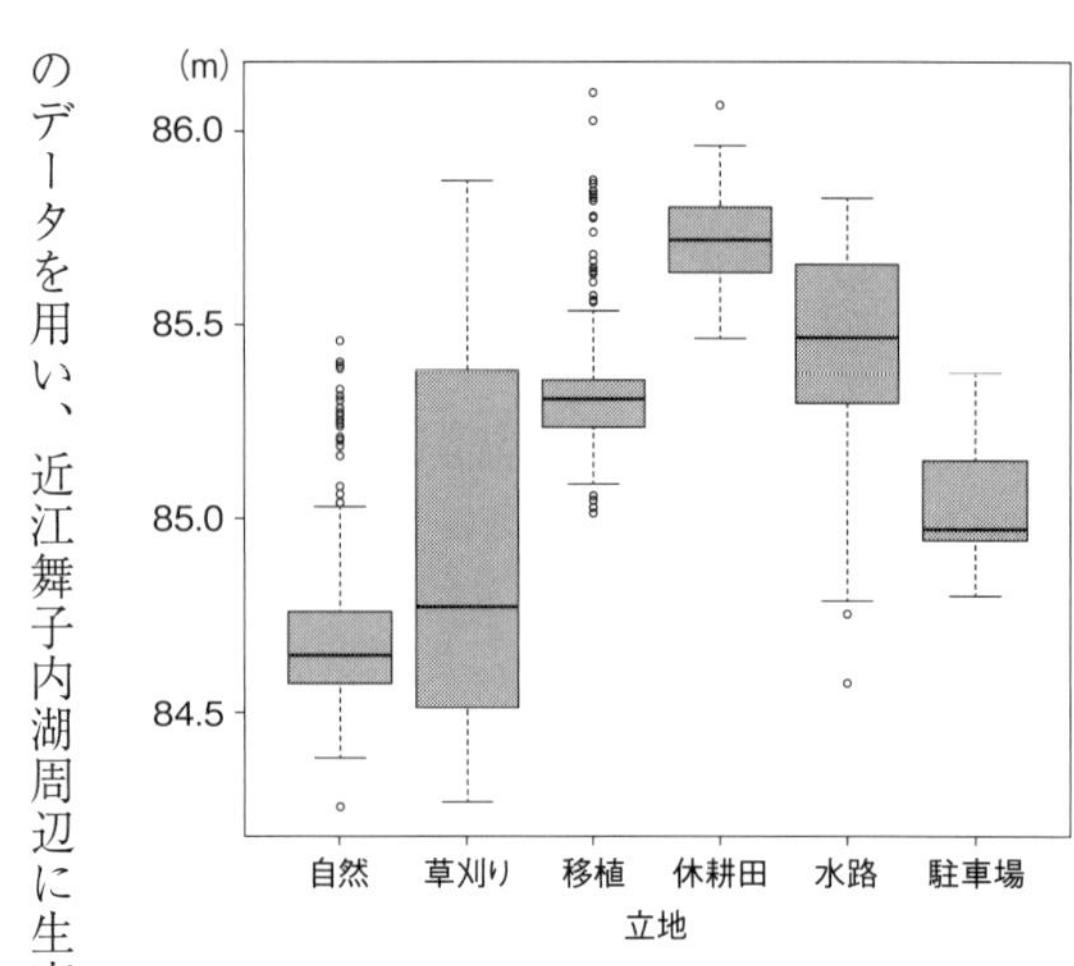

図9-5　立地ごとのノウルシと標高の関係

他」は生育に適さない標高の高い場所に生育していると考えられる。

「自然」は、内湖の水位変動や流水による自然撹乱により持続している個体群だと考えられる。「草刈り」は、草刈りという人為撹乱によって持続している個体群で、草刈りによって「自然」より広い生育環境で生育可能になっていると考えられる。「移植」や「その他」は、脆弱な個体群であり、少なくとも草刈りを継続しないと、持続しない個体群だと考えられる。つまり近江舞子内湖周辺に生育するノウルシは、自然撹乱と人為撹乱の両方の影響を受け持続しており、近年、自然撹乱が減少するなか、草刈りによる人為撹乱が果たす役割が重要になっていると推測できる。実際に図9-4の近江舞子内湖周辺で最大の群生地は「草刈り」に含まれ、草刈りの影響でパッチが拡大している。しかし近江舞子内湖周辺の草刈り（ヨシ刈り）は、地域の人のボランティアで継続しており、担い手の高齢化に伴い継続が困難になることが予想される。

その他の撹乱依存種

近江舞子内湖周辺の湿地に生育する撹乱依存種はノウルシ以外にもみられる。例えば、オニナルコスゲ、コバノカモメヅル、ヒメミズワラビ、マツカサススキなどがあげられる。いずれの種もノウルシと同様、生育環境の消失や自然撹乱の減少により日本全国で減少傾向にある。湿地全体を踏査し、これらの種の分布を調査し、ドローンで計測した標高との関係を分析した。種ごとに確認位置の標高値を集計した結果、種による分布標高の違いが明らかになった（丹羽 二〇二三）。最も水

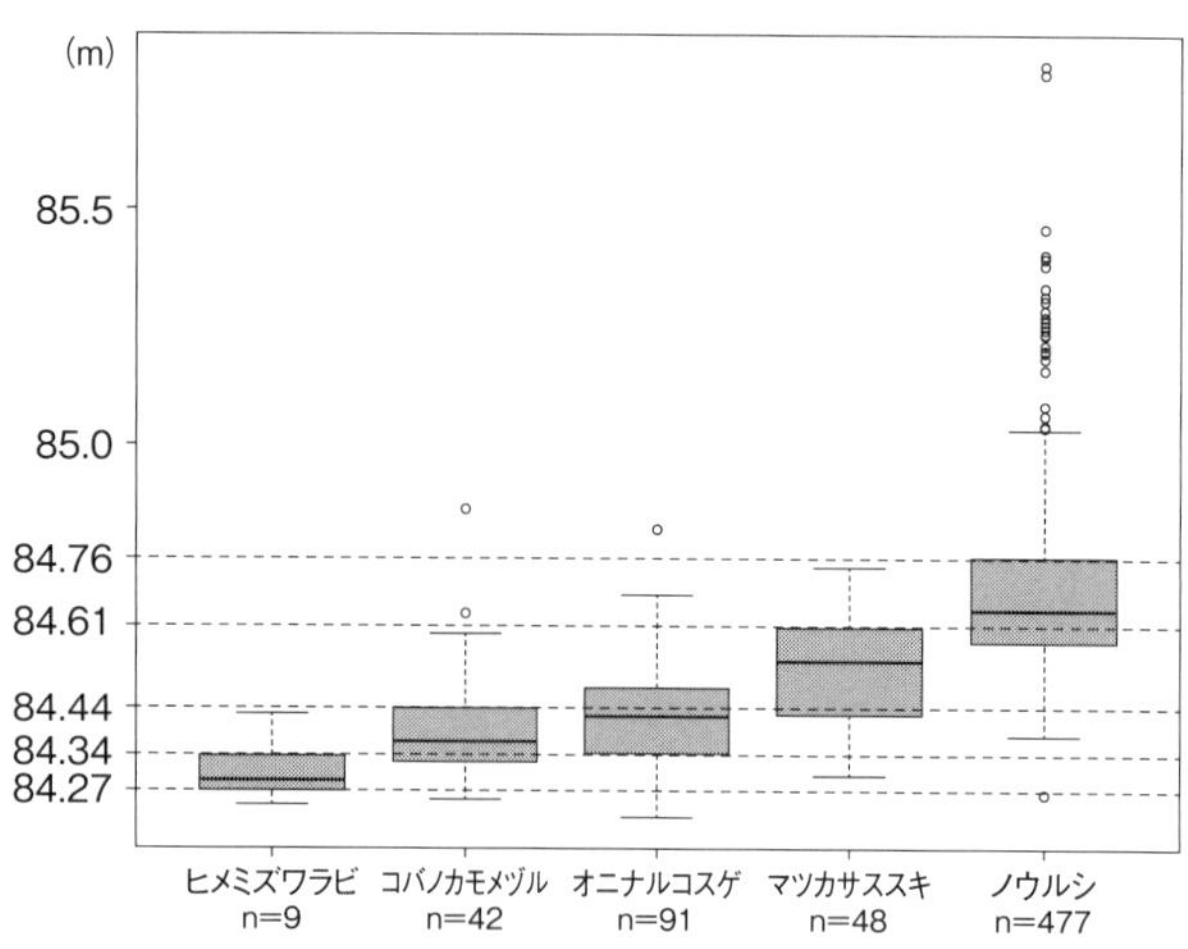

図9-6　撹乱依存種と標高の関係

際に分布するヒメミズワラビから、標高の高い場所にも分布するノウルシまで、種の生態的な特徴をみごとに反映した結果で、エコトーンの微地形により撹乱依存種が棲み分けていることを顕著に示している（図9-6）。さらに、箱ひげ図の四分位範囲を基準に、湿地の標高を区分して図示すると、エコトーンの微地形により形成された、内湖の水際からのゾーネーション（帯状分布）およびモザイクがみごとに表れた（図9-7）。このゾーネーションとモザイクは自然撹乱により形成され、近江舞子内湖周辺の湿地では動的平衡状態が保たれていると考えられる。今回、調査対象とした種以外も、同様の立地（標高）を好む種がこれらのゾーンに棲み分けていると考えられる。湿地の標高を区分し、内湖の水際からのゾーネーションおよびモザイクを示したこの地図は、エコトーンの変化を定量的に把握することが可能で、湿地マネ

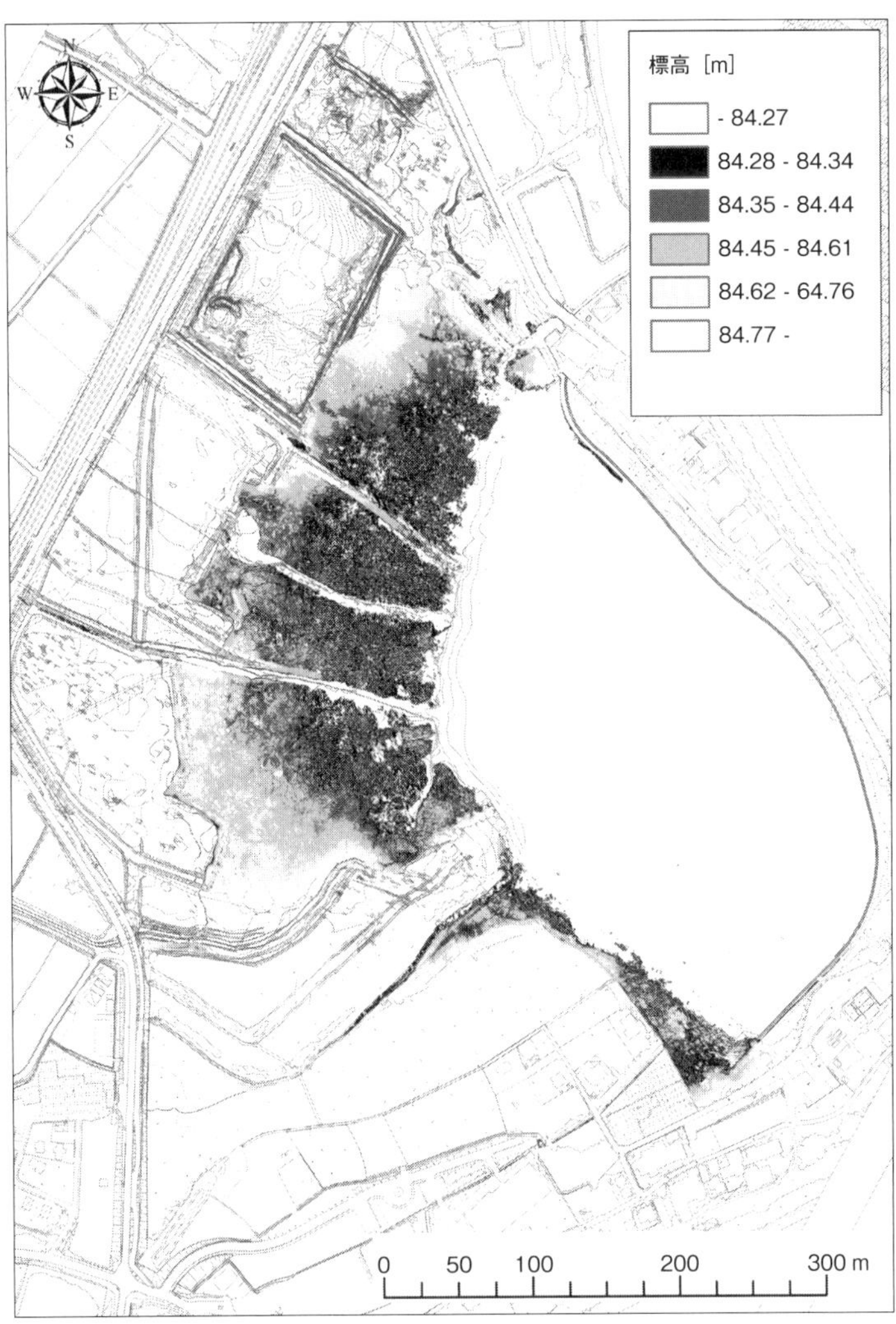

図9-7　異なる撹乱依存種が好む標高。湿地のゾーネーションとモザイク

ジメントの基盤情報となることが期待される。琵琶湖の水位は人為的に管理されており、種の保全の観点から、許容可能な水位の閾値を提示できることは湿地マネジメントにとって大きな利点となる。また流入河川の出水による地形変化のモニタリングにも利用できる。

4　これからの生態系管理

近江舞子内湖周辺には、エコトーンが形成された湿地がみられ、ノウルシを象徴とする攪乱依存種が生育している。かつては現在より水位変動や河川の出水による自然攪乱が大きく、ヨシ刈りも現在より大規模に行われていたため、人為攪乱も大きかったと考えられる（図9-8）。その結果、攪乱依存種に支えられた湿地の生物多様性は現在より高かったと推測される。しかし現在は、治水対策などで人工的に制御されることによる自然攪乱の減少、社会構造の変化によるヨシ刈りの縮小で人為攪乱が減少し、湿地の生物多様性も減少していると考えられる。そのようななか、地元の有志（内湖を愛する会）で二〇〇二年ごろから続けられているヨシ刈りが、ノウルシの生育にプラスの影響を及ぼしている。

一方、近年、気候の激甚化により、河川に流水や流砂を閉じ込め流下させるという従来の治水の限界が露呈し、流域全体で様々な治水対策を組み合わせる流域治水が注目されている。内湖周辺湿地は、遊水地や遊砂地としての機能を有しており、その機能を回復させ自然攪乱を湿地で「いな

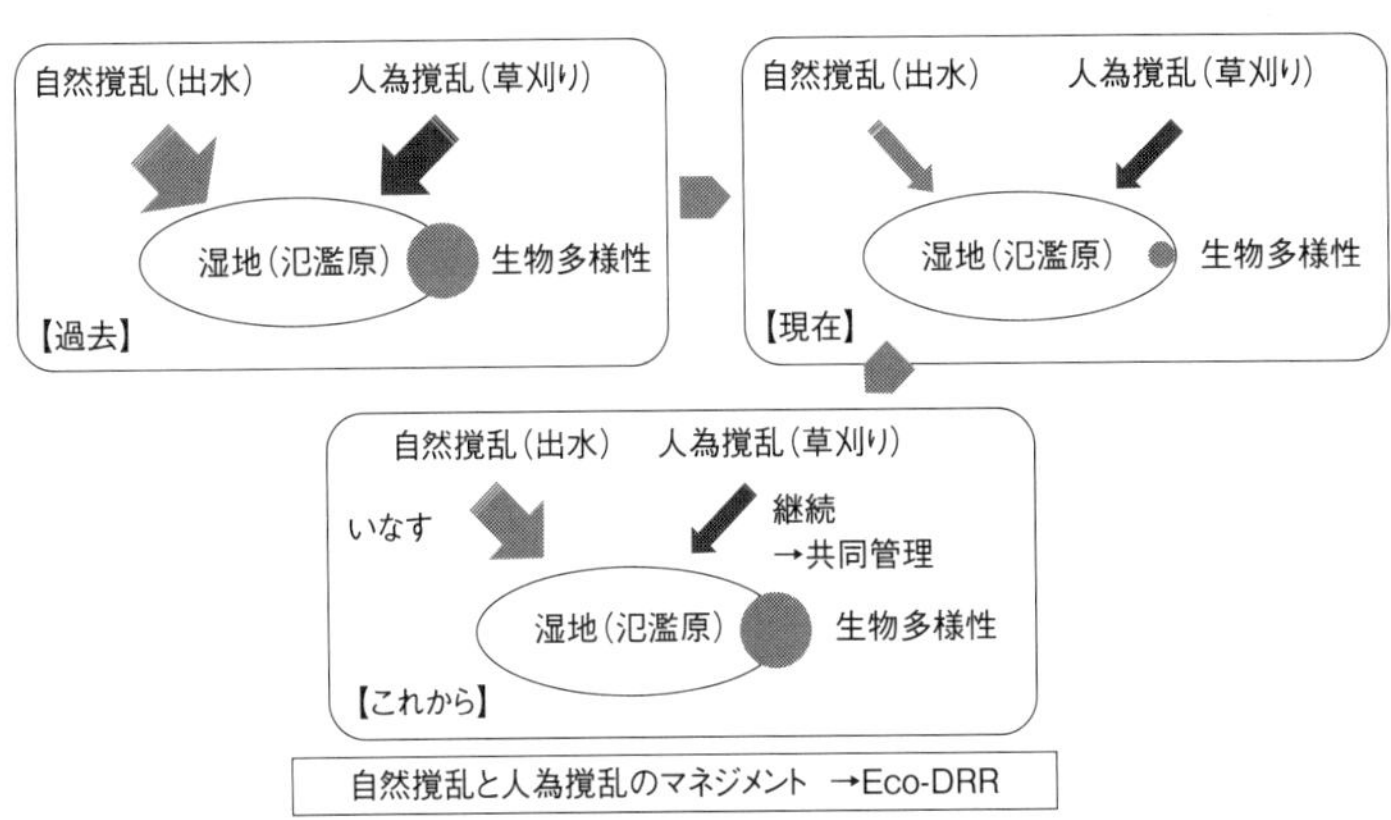

図9-8　自然攪乱と人為攪乱、生物多様性の関係

す」ことができれば、減災につながり、かつ自然攪乱により湿地が良い状態で持続し、ノウルシなど攪乱依存種の生育環境も保全されると考えられる。また、ノウルシにとって重要な人為攪乱となっているヨシ刈りは、後継者不足などから継続が危ぶまれているが、多様な主体による共同管理をマネジメントすることができれば、続けていくことが可能だと考えられる。

自然攪乱とのつき合い方を学び、ヨシ刈りという伝統的な人為攪乱を継承できれば、近江舞子内湖周辺の湿地は自然災害を緩和し（Eco-DRR）、地域と生態系をつなぐ拠点となると考えられる。現在、内湖周辺湿地を含む南小松地区では、自然再生推進法に基づく、自然再生協議会の設立に向けた準備が進められている。この協議会がプラットフォームとなり、自然攪乱や人為攪乱と上手くつき合いながら、生物多様性を高める地域にねざした保全活動が展開されることが期待される。

参考文献

黒沢高秀　二〇一五「ノウルシ」矢原徹一・藤井伸二・伊藤元己・海老原淳・永田芳男編『絶滅危惧植物図鑑　レッドデータプランツ（増補改訂新版）』山と渓谷社、二四九頁

丹羽英之　二〇二三「UAV 搭載 LiDAR による地形モデルと高精度 GNSS を用いた指標植物分布調査による湿地マネジメント用高精度マッピング」『保全生態学研究』二八（一）、一五七—一六三頁

村中孝司・鷲谷いづみ　二〇〇一「鬼怒川砂礫質河原の植生と外来植物の侵入」『応用生態工学』四（二）、一二一—一三二頁

Nakamura, F., Watanabe, Y., Negishi, J., Akasaka, T., Yabuhara, Y., Terui, A., Yamanaka, S., Konno, M., 2020. Restoration of the shifting mosaic of floodplain forests under a flow regime altered by a dam. *Ecological Engineering* 157:1-9.

Niwa, H. 2022. Assessment of habitat for disturbance-dependent species using light detection and ranging and multispectral sensors mounted on a UAV. *Environmental Monitoring and Assessment* 194:605.

Yamasaki, S. 1999. Organic matter economy of Euphorbia adenochlora with special reference to its life cycle. *Ecological Research* 14:23-30.

第10章　災害対策と生き物の分布

深町加津枝・三好岩生・綾部芳秀・田村恭平

1　里山の河川整備と生き物

里山は、長年にわたり人々が自然資源を利用することによって形成された二次的自然である。人々が定期的に里山を利用・管理することにより適度な撹乱が生じ（第9章参照）、特有の環境が形成されてきた。また里山には、自然の恵みの利用と自然災害への対応の要があり、様々な伝統知が蓄積されてきた。河川は要となる場の一つであり、里山を構成する森林・集落・農地などを結ぶ役割を果たしてきた。また生き物の生息空間としても重要であり、多くの希少種を含む生物多様性の保全の場として認識されている。

里山を流れる河川の多くは住宅地や農地に隣接しており、洪水や土砂災害などの災害に対応するための河川整備や砂防工事の対象となってきた。そのため、河川が本来持つ瀬や淵といった特有の環境が失われることにより、生き物の生息地が減少している。行政が中心となった災害対策が進展した一方、住民が河川に近づくことが難しくなったり、人々の利用や関心が低下するなどの課題も指摘されている。一方で、多自然川づくりや自然再生事業など、河川本来の環境や景観を保全し、再生あるいは創出する取り組みも一部ではあるが行われるようになっている。今後は、全国の里山において、防災・減災と生き物の生息環境という双方の価値を、可能な限り低下させない道筋が求められるであろう。そのためにも、現状の防災構造物が地域住民の暮らしを守りながらも、その土地固有の生物相の保全・回復と両立させていくことが重要である。

本書であつかう比良山麓の里山には、多くの小河川があり、農地やため池などの様々な景観要素とともに豊かな生態系を育んできた。しかしながら一九六〇年代以降、大規模な公共工事によってコンクリートを主とした護岸整備、河川の勾配を緩和する床固工の設置や農地の圃場整備が進み、里山の水系を生息場とする生き物の分布にも変化が起こっている。本章では比良山麓地域の小河川を対象として、トンボ類と魚類を事例にし、災害対策と生き物の分布の関係についてみていく。また、河川や周辺環境の特徴についての理解を深めながら、砂防構造物の設置や河川の管理方法など、災害対応の工夫についても同時に考える。

2　河川の構造とトンボ類の分布

大津市八屋戸における秋季のトンボ類の生息状況

里山を代表する生き物であるトンボ類は、幼虫が水域、成虫が陸域に生息する肉食の昆虫類であり、水域の質や立地環境などによって出現する種が異なる。トンボ類は、水田やため池などの止水域から、水路や河川など流水域にかけての様々な水域に生息しているが、開発や生息地の劣化などによる種数や個体数の減少が危惧されている。

二〇一八年秋（九～一〇月）に、大津市八屋戸の扇状地～湖岸をつなぐ里山での、ルートセンサス法[1]および、止水域（湧水やため池）を対象にしたポイントセンサス法[2]によるトンボ類の生息調査を行った。調査の結果、里山のルート上では一六種、止水域では一〇種のトンボ類が確認された（表10-1）。里山の重要な要素である農地に、アキアカネなどのアカネ属を中心とした多くのトンボ類が出現し、流水性のトンボはハグロトンボ、コオニヤンマ、オニヤンマのみで、残りは止水性種であった。流水性種は水面がある程度開けている場所や護岸植生・樹林などが存在する場所を好むと考えられる。農地の面積が大きいことにより、シオカラトンボやウスバキトンボが多く出現した。琵琶湖湖岸と河川では開水面を好む種や草地に生息するイトトンボ科がみられた。オオアオイトトンボ、ルリボシヤンマ、タカネトンボは閉鎖的な環境を好むトンボ類であり、樹林内の小規模

の出現状況

河川							湿地
滝川	家棟川	大谷川	八屋戸川	天川	喜撰川	和邇川	
	○	○		○			○
			○	○		○	
○	○	○	○	○	○	○	○
○	○	○		○			
○		○					
	○		○	○	○	○	
				○			
						○	○
							○
				○			
○				○			
	○		○	○	○	○	○
				○	○	○	○
			○	○	○	○	
						○	
					○	○	
				○	○		
				○	○		
○					○		
○	○	○	○	○	○	○	
	○		○	○			
○	○	○	○	○	○	○	
					○		○
				○	○	○	○
○	○	○	○	○	○	○	○
					○		
				○			
○				○	○	○	
	○	○					
○	○			○		○	
	○		○		○	○	○
○	○	○	○	○	○	○	○
○	○	○		○	○	○	○
○	○	○	○	○	○	○	○
○	○	○	○	○	○	○	○
○	○	○	○	○	○	○	
15	17	13	14	26	22	21	14

表10-1　トンボ類

科名	種名	水環境の選好性	八屋戸（9-10月）	
			里山	里山（止水域）
アオイトトンボ科	ホソミオツネントンボ	止水		
	オオアオイトトンボ	止水		○
カワトンボ科	ニホンカワイトトンボ	流水		
	アサヒナカワトンボ	流水		
	ミヤマカワトンボ	流水		
	ハグロトンボ	流水	○	
モノサシトンボ科	モノサシトンボ	止水		
イトトンボ科	アジアイトトンボ	止水	○	
	アオモンイトトンボ	止水	○	
	キイトトンボ	止水		
	セスジイトトンボ	止水	○	
ヤンマ科	サラサヤンマ	止水		
	ミルンヤンマ	流水		
	ギンヤンマ	止水		
	ルリボシヤンマ	止水		○
サナエトンボ科	ウチワヤンマ	止水		
	コオニヤンマ	流水	○	
	オナガサナエ	流水		
	アオサナエ	流水		
	オオサカサナエ	止水		
	ヤマサナエ	流水		
ムカシヤンマ科	ムカシヤンマ	流水		
オニヤンマ科	オニヤンマ	流水	○	○
エゾトンボ科	タカネトンボ	止水		○
ヤマトンボ科	コヤマトンボ	流水		
トンボ科	ナツアカネ	止水	○	○
	リスアカネ	止水	○	
	ノシメトンボ	止水	○	
	アキアカネ	止水	○	○
	コノシメトンボ	止水	○	
	ヒメアカネ	止水		
	マユタテアカネ	止水	○	○
	ネキトンボ	止水		
	コシアキトンボ	止水		
	ショウジョウトンボ	止水	○	
	ウスバキトンボ	止水	○	○
	ハラビロトンボ	止水		
	シオカラトンボ	止水	○	○
	シオヤトンボ	止水		
	オオシオカラトンボ	止水	○	○
総種数			16	10

注）2018～2020 年の調査をもとに綾部芳秀作成

図10-1A　家棟川（2020年、綾部芳秀撮影）

図10-1B　大谷川（2020年、綾部芳秀撮影）

図10-1C　天川（2020年、綾部芳秀撮影）

図10-1D　和邇川（2020年、綾部芳秀撮影）

なため池でのみ出現した。湧水、湖岸、ため池などの多様な水域があることが多様なトンボ類の生息に重要と考えられた。

比良山麓の七河川におけるトンボ類の生息状況

二〇一九年から二〇二〇年のそれぞれ五～一〇月には、比良山麓の七河川（滝川、家棟川、大谷川、八屋戸川、天川、喜撰川、和邇川）の扇状地～湖岸を対象にしたルートセンサス法による調査を行い、合計三五種のトンボ類を確認した（表10-1）。図10-1は対象とした河川、図10-2はそこで出現したトンボの例である。喜撰川の上流に位置する湿地（図10-

図10-2　出現したトンボ類の一部（2019年〜2020年、綾部芳秀撮影）

3）では、河川と同様の時期に湿地の周囲を歩き、一四種のトンボ類を確認した。アキアカネやシオカラトンボなどがすべての河川で出現した。一方、特定の環境だけに出現したトンボ類もあった。例えば、天川の上流側に位置し、樹木のある湿地的な環境があって護岸がみられなかった区間（図10-4）では一七種が出現し、サラサヤンマ、モノサシトンボ、ヒメアカネの三種はこの区間にのみ出現した。

次に河川ごとのトンボ類の出現状況をみていく。

滝川（北小松地区）は平野部では河畔植生が乏しく、上流側に向かうにつれて巨礫が多くなり、樹木も増

図10-3　喜撰川上流の湿地
（2020年、綾部芳秀撮影）

図10-4　天川上流の湿地
（2020年、綾部芳秀撮影）

えて河川内が暗くなる。左岸側には集落が存在し、右岸側には主に落葉広葉樹林が広がる。確認されたトンボ類は一五種であり、ミヤマカワトンボは滝川以外では大谷川で一個体が確認されたのみであった。本種は河川中流域に生息するとされ、巨礫が多く樹林に囲まれた滝川の環境を好んで生息していると考えられた。夏から秋にかけてトンボ類が多く出現し、とくにマユタテアカネは樹林に囲まれ、近くに農地が存在していたことから出現したと考えられた。

家棟川（南小松地区）は住宅地が広がる下流側が天井川となり、用水の取水地点より下流は河川の流量がとくに少ない。上流側の一部区間を除いてコンクリート三面張り流路工が施され土砂の堆積や植生が限られるが、上流側には落葉広葉樹林がある。一七種のトンボ類が確認され、止水性のネキトンボやコシアキトンボなど調査全体でも個体数が少ないトンボ類が出現した。カワトンボ科など流水性のトンボ類の個体数は少なく、流路工の敷設や流水の消失により、流水性のトンボ類の幼虫の生息に適していないと考えられる。

大谷川（大物・荒川地区、一部支流の四ッ子川を含む）は、川幅が広く、流路以外の部分には草地が広がり、部分的に樹木も生育する。右岸側には住宅地が広がり、左岸側には落葉広葉樹林が広がる。集落へ水をひく用水路、伏流による流れの消失があった。一三種のトンボ類が確認され、上流水路付近では局所的に多くのアサヒナカワトンボが出現した。オニヤンマが産卵する様子も確認されたが、アサヒナカワトンボを除く流水性のトンボ類の個体数は少なく、夏から秋に草地にアキアカネをはじめとしたトンボ科のトンボ類が飛翔・静止する様子が多くみられた。

八屋戸川（北船路・守山地区）の下流では集落や農地、竹林付近を流れるが、上流側は急傾斜の森林となり砂防堰堤が設置されている。下流側は二面張り流路工区間、上流側では護床工区間があり、河川内や堤防上で草刈りが確認されたが、植生の回復は早い。また一四種のトンボ類が確認されたが、河川内の草刈りや大雨による植生の流失の影響などから、ハグロトンボやサナエトンボ科などの流水性のトンボ類の出現はほとんどなかった。個体数が多かったのは、ニホンカワトンボであり、その出現は五月に集中した。

天川（南船路地区）は、農地を流れる川幅の狭い河川で、大部分にブロックを敷き詰めた護床工区間があり、下流側に二面張りの流路工があるが、植生被度が高い区間も存在した。河川を覆う樹林はないが、周囲の農地には樹林が存在した。また七河川のなかで最も多い種数となる二六種のトンボ類が確認された。トンボ科を中心とした止水性のトンボ類が多く出現したほか、五月には多数のニホンカワトンボが出現した。天川のみに出現したのは、モノサシトンボ、サラサヤンマ、ヒメアカネであった。

喜撰川（栗原・和邇地区）は、下流側は集落沿いを流れ、上流側では草地や竹林沿いを流れる。河川内の植生は豊富で上流側では護岸に樹木や草本が生育し、水面に影を作る区間も存在する。下流側では草刈りが確認された。二二種のトンボ類が確認され、サナエトンボ科などの流水性のトンボ類も多く出現した。植生や護床ブロックのある水面付近では流水性のトンボ類が、河川沿いの草本や護岸上では止水性のトンボ類が多く確認された。上流側は湿地に隣接し、多くの種が出現した。

和邇川（伊香立・和邇・小野地区）は、対象河川のなかで最も南側を流れる河川あり、集落単位での取水、管理が行われている。川幅は下流側で広く、上流側で狭まり、部分的に護床工区間が存在する。釣りや川遊びなどで河川を利用する人の様子が確認され、人と河川の関わりが多くみられた。二一種のトンボ類が確認され、総個体数の半数以上はハグロトンボとなり、夏には水際の植生付近で縄張り争いや産卵をする様子が確認された。上流側でオオアオイトトンボが多く出現した。

希少で多様なトンボが生息する里山の水辺

比良山麓の河川周辺で確認されたトンボ類のなかで環境省レッドデータブックまたは滋賀県レッドデータブックに掲載されている種は、ルリボシヤンマ、アオサナエ、オオサカサナエ、コノシメトンボであった。オオサカサナエとアオサナエは湖岸に出現し、河川と琵琶湖が一体となった環境が重要であると考えられる。アオサナエの成体は河川の中～下流域、幼虫は琵琶湖での生息が確認されている。一方、オオサカサナエは河川上の植生に出現し、寝場所や休息場所を求めて移動していたと推察された。コノシメトンボは滋賀県ではアキアカネと同様に水田で産卵する様子が確認されており、水田が隣接する区間で出現した。

調査対象地全体で四〇種のトンボ類が確認され、それぞれの河川ごとの種数はそれほど多くはないが、里山全体でみるとトンボ類の種の多様性が確保されていた。多くのトンボ類が出現した要因の一つとして、河川が細流で砂防工事が行われていないことから流路が規定されていない区間があり、増水時には河川周辺に水たまりや小規模な氾濫原があったことが考えられる。こうした湿地的な場所には、樹林に囲まれながらも明るい環境があり、河床の植生が豊富であった。また、滝川や家棟川上流の樹林が隣接する区間では、マユタテアカネなどが出現し、コヤマトンボが往復飛翔する様子もみられた。湿地では多くの止水性のトンボ類がみられ、繁殖活動や産卵行動もあった。トンボ類は種ごとに環境選好性があり、環境ごとに出現するトンボ類が異なっていた。里山の多様な環境が保たれることが、希少種を含む多様なトンボ類の保全に不可欠となると考えられる。また、止水性と流水性のトンボ類で異なる選好性に留意した多様な生息環境の保全や整備、管理が重要であることが示唆された。

3　防災構造物と魚類の分布

防災構造物が魚類の生息場に与える影響

里山の小河川は、周辺の集落や農地、森林などとの関わりが大きく、生物多様性保全の場としても重要である。一方、多くの中山間地集落でみられるように、集落に急勾配河川が流れ込む場合には、河川に多くの防災構造物が設置される。その結果として、砂防堰堤や流路工などの砂防構造物の建設や構造物の設置に伴う流路内地形改変により、水生生物の生息場を消失させたり、河川の上下流間の移動を妨げたりするなど、砂防工事が淡水魚類相にもたらす影響は大きいと考えられる。一方で、防災構造物の設置が作り出す空間が水生生物の生息場として利用されている例もあり、防災構造物の設置と生物多様性の関係については慎重に検討する必要がある。

本節では、比良山麓の砂防構造物がある小河川の上流部および扇状地から湖岸までの下流部のそれぞれにおける、防災構造物の設置状況と魚類の分布の特徴をみていく。

河川上流での渓流魚の生息状況

まず、河川上流の渓流源流部を対象に渓流魚の生息状況と河川の環境、横断構造物との関係について述べる。対象河川は、喜撰川、天川、八屋戸川、野離子川、比良川（正面谷およびイン谷）の五河川六か所である（図10－5）。これらの河川はいずれも土石流危険渓流に指定されており、調査区間内にも数多くの砂防堰堤が設置されている。二〇二〇年七月から一〇月に、水中カメラを用いた渓流魚の調査を各河川の調査区間に対して一回ずつ行い、その結果として六河川合計で渓流性サケ科魚類のイワナ一〇七匹とアマゴ四八匹が確認され、その他の魚種は確認されなかった。イワナとアマゴの生息数は、調査区間の総延長距離に対する生息密度として十分に大きく、各河川で渓流魚群集が継続的に生息しているものと考えられた。図10－6は調査で確認されたイワナとアマゴで

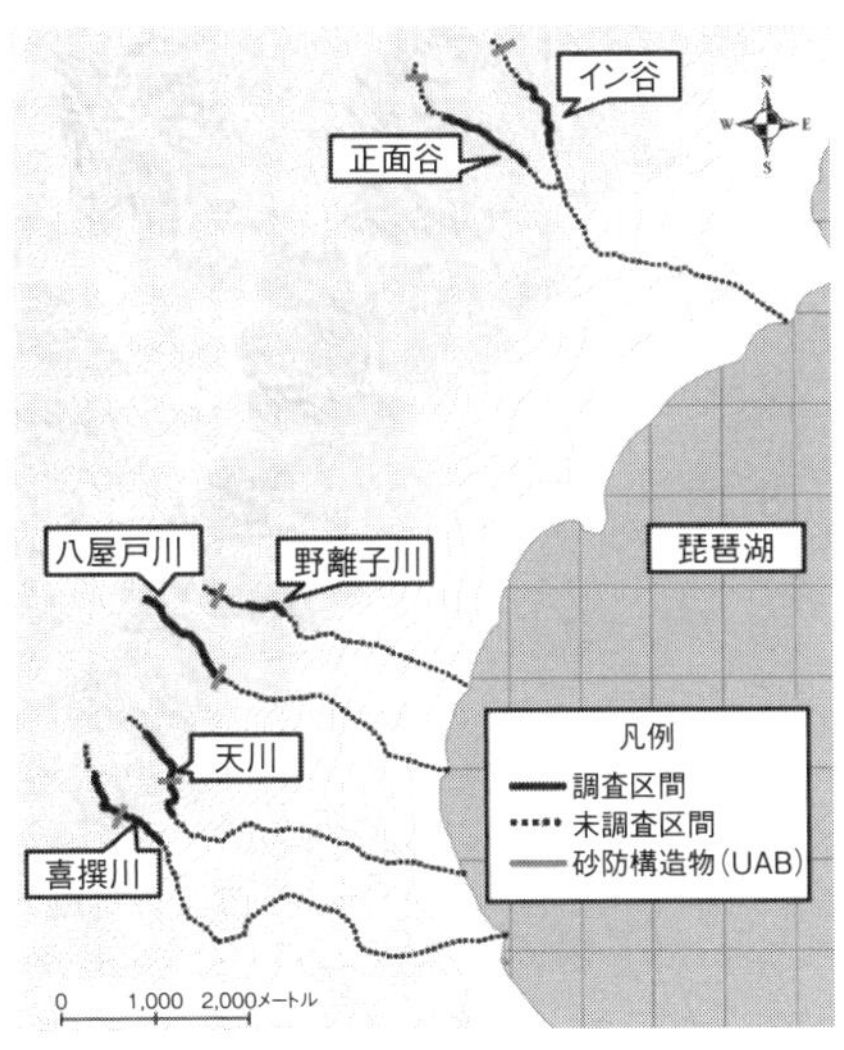

図10-5　調査対象河川位置図
注）田村恭平作成

図10-6A　イワナ（2020年、田村恭平撮影）

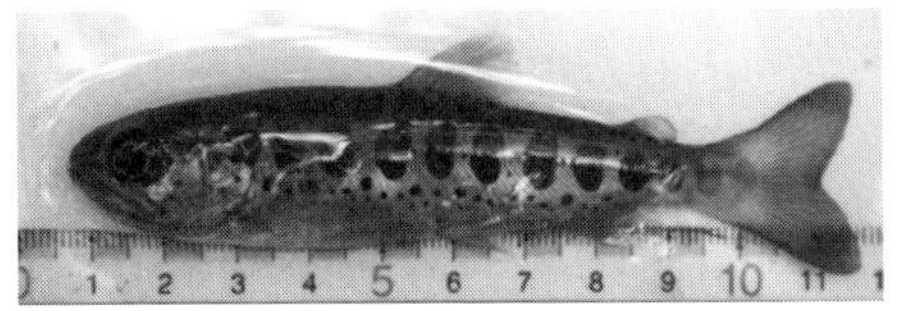
図10-6B　アマゴ（2020年、田村恭平撮影）

図10-7　砂防構造物と流路内の様子。比良川（2020年、田村恭平撮影）

あり、図10−7は渓流魚の生息が多く確認された流路内と砂防構造物の様子である。各河川において砂防堰堤の堆砂区間や三面張り流路工区間では渓流魚の生息が確認されなかった。また、一年のうちで流水が伏流して表流水がなくなる時期がある区間では、魚類は確認されなかった。ただし喜撰川や天川の流路工区間では、三面張り流路工が設置されていたものの、砂防構造物からの落水による水叩き面の洗掘により、コンクリートが破れて魚類が生息できる深みが形成されるとともに、魚類の隠れ場所になる岩が散在しており、このような環境下において渓流魚の生息が確認された。八屋戸川の砂防構造物下流部では同じ流路工区間であっても河床に土砂が堆積せず、剥き出しの三面張り構造がみられ、渓流魚の生息は確認できなかった。

図10−8は比良川（正面谷）の砂防構造物の配置と確認されたイワナの生息数（二〇二〇年八月の一回の調査で確認された数）である。調査区間内には多くの砂防堰堤が設置されているが、堰堤直下に多量の石礫やマサ土が堆積して、良好な物理環境が保持されていたことから、多数のイワナの生息が可能であったと考えられる。また〇～二歳の個体も確認されたことから、繁殖も順調に行われ

ていると考えられる。

流域の地質が花崗岩である喜撰川の砂防堰堤上流側の堆砂域ではマサ土の流出・堆積により河床が単調化し、イワナが隠れられる隙間や深みが埋められ、生息に適さない環境が広がっていた。イワナ・アマゴの生息が確認されたすべての区間において淵、落ち込み、岩陰が存在していた。このように、砂防構造物により激しく分断されることは、河川の物理環境の低下や上下流方向の移動の妨げとなってイワナ・アマゴの生息数の減少を誘引する一つの要素となるが、構造物間の河道において、特定の物理環境が維持されれば魚類の継続的生存は可能と考えられた。

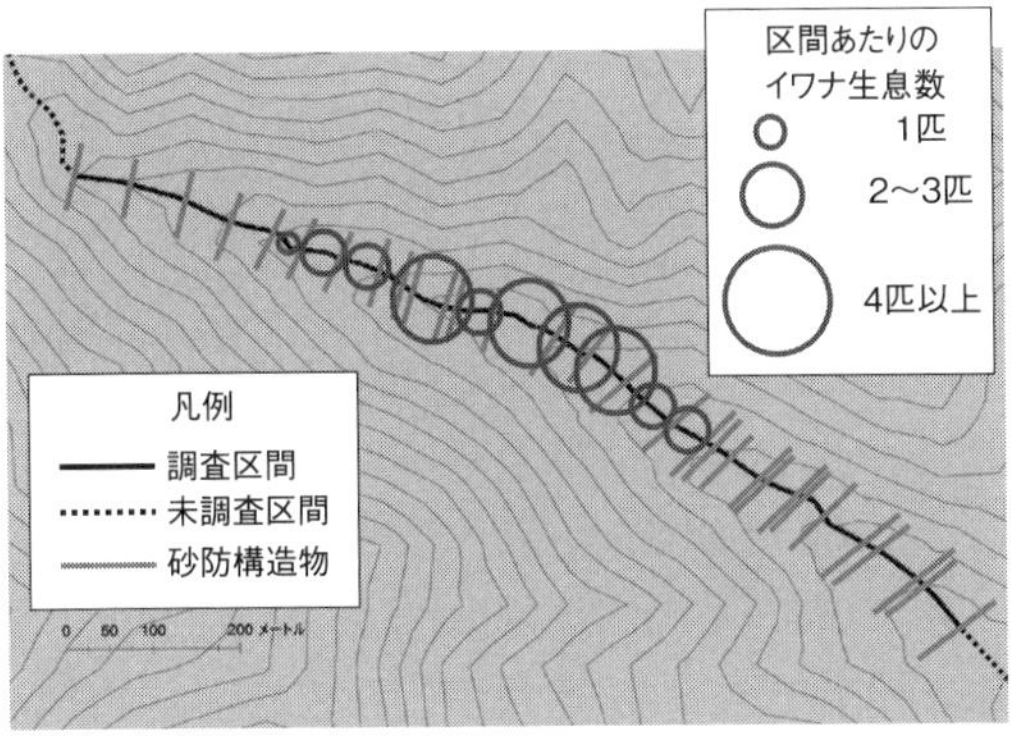

図10-8　砂防構造物の配置と確認されたイワナの生息数

注）2020年8月に確認された数。田村恭平作成

河川下流での渓流魚の生息状況

次に、砂防構造物や農業用の井關が多く存在する比良山麓の小河川の下流部における魚類分布の特徴をみていく。調査対象は喜撰川、天川、八屋戸川であり、琵琶湖より約二～四キロメートルの、床固工によって区切られた区間となっている。魚類調査は二〇〇三年六月にタモ網を用いて行われた。確認された魚類は計六科一二種で

あった。タカハヤは喜撰川の最も上流の調査区間で確認され、湧水のある環境に生息するホトケドジョウが八屋戸川の一部の調査区間でのみ確認された。対象地周辺で市民団体により行われた調査では、スナヤツメ、ハス、カネヒラ、オオクチバスも確認されている。調査で確認されたホトケドジョウ（図10-9）は環境省のレッドデータブックで絶滅危惧ⅠB類に、スナヤツメ、ウツセミカジカは絶滅危惧Ⅱ類に記載されている。小規模で人為的な改変が著しく進んだ小河川ではあるが、普通種から希少種まで多くの魚類が分布していた。喜撰川の床固工には市民グループが手作りした木製の魚道があり、このことにより大量のアユをはじめとする魚類の遡上が確認されるようになった。

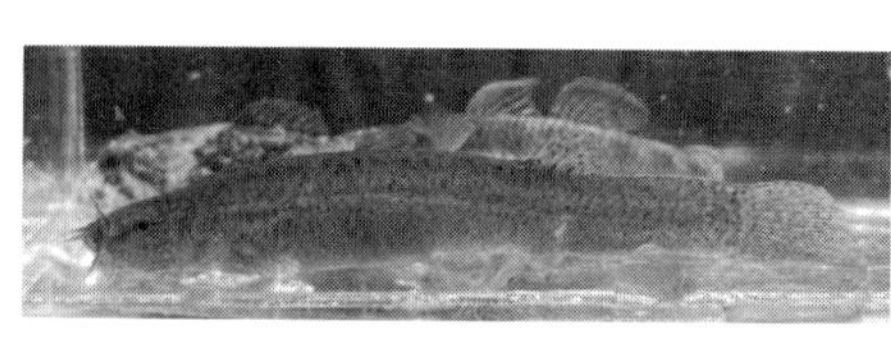

図10-9　ホトケドジョウ（2023年、深町加津枝撮影）

注）手前の魚

生息範囲が広かったのはカワムツ、トウヨシノボリであり、対象河川のほぼ全域に生息し、採集された個体数も多かった。次いで多いのはドジョウであり、八屋戸川を除く喜撰川、天川のほぼ全域で確認された。他の魚種ではアユ、フナ類、ナマズ、ウキゴリ、ヌマチチブ、ウツセミカジカは、河口付近でのみ確認された。タカハヤは喜撰川の調査区間内最上流で、ホトケドジョウは八屋戸川の中流部の一部で確認された。アユ、オイカワは琵琶湖から河川の上流まで確認された。ハス、オオクチバス、ヨシノボリ、ヌマチチブ、ウキゴリ、ウツセミカジカは琵琶湖でよくみられるが河川の中～下流でもみられる種である。スナヤツメ、ギンブナナマズは主として河川の中~下流でよくみられる種で、カワムツ、タカハヤは主として河川の上流でよくみられる種である。ホトケドジョウは特定の水域にしか生息していない魚類で、カネヒラ、ドジョウは生息が偏在しつつある魚種といわれている。遡上性の魚種のほとんどが川を遡上しておらず、トウヨシノボリのみ吸盤化した腹びれを用い床固工を乗り越えて遡上していると推察されたが、連続する床固工は大きな障害となる。また、田んぼとのつながりが重要なフナ類やウナギ、ナマズなどは少なかった。圃場整備や琵琶湖総合開発による段差や水の管理が弊害となっている可能性がある。

砂防指定地の小河川においても、河川ごとに、また一河川内の区間ごとにも生息環境は一様ではなく、これに対応した魚類相の分布があった。下流部の淀みに多く生息するといわれるフナ類は、泥の多い地点を含む天川下流部で確認された。泥より礫を好むといわれるウツセミカジカとヌマチチブは、喜撰川や天川のような泥が少ない地点で確認された。水温と魚種の対応については、湧水が存在した八屋戸川を除くと、下流へ行くほど水温が高くなることが魚類相の分布に影響していることが考えられる。

砂防指定地の小河川はこれまで災害対策優先で改変が進められてきたため、生き物の生息環境への配慮が十分とはいいがたい条件にあった。しかしこうした小河川であっても、流水に連続性があればある程度の多様さを持つ群集を育む環境の維持が可能であると考えられた。ホトケドジョウの生息には湧水の存在が重要であり、三面張流路工の建設が湧水の存在やそれに伴うホトケドジョウの生息環境へ影響を及ぼす可能性がある。このような生物の微生息場に与える影響を丁寧にみていくことにより、現在の魚類群集維持のためには、今後の河川管理においても継続的によりいっそうの注意を払っていく必要がある。

4　生き物の生息環境に配慮した河川などの整備・管理

比良山麓には、独立した小さな流域が並んで存在し、比良山系から琵琶湖に向けて並行した小規模急流河川が流下している。それぞれの河川の流量の変化が激しく、増水時には土砂災害が頻発するため、多くの防災構造物が設置されているが、一部には河道と周辺の湿地・ため池や緑地との連続性が維持された区間もある。また、このような土砂移動の激しい河川からの直接的な水利用は容易ではないため、河川とは別に農業用水や生活用水を確保するための水路やため池が設けられ、河川とは別の水辺空間を作り出していた。それらの水源としては、河川水の他に扇状地から河口付近までに分布する湧水が用いられた。こうした水の恵みを利用しながら災害対応を行なってきた工夫は、河川や琵琶湖とは異なる生き物の生息環境を生み出すことにもつながっていた。水域から陸域への連続性は、生き物にとってのエコロジカルネットワークとしての機能をもたらしていた。増水時の撹乱によってできる水域と陸域の新たな緩衝地帯には、小規模な樹林地や湿地を成立させることもあった。

防災と河川生態系保全の両立を目指して

比良山麓の里山の扇状地付近には、多様な要素からなる流水域と止水域があり、周辺には農地や樹林地などが存在し、トンボ類の多様性と深く結びついていた。また、砂防指定地の小河川では、河川ごと、一河川内の区間ごとに生息環境は一様ではなく、こうした環境に対応したトンボ類の分布があった。また、河川付近にある湿地や小規模な樹林地、護岸のない河川はわずかではあるが、多くの止水性のトンボ類の繁殖場所となり、生物多様性の保全上不可欠であった。こうした場所をできるだけ保全、再生するとともに、閉鎖的な環境にならないよう草刈りをするなど、空間としての多様性を維持することが生物多様性を保全するために重要である。

災害対応としての河川の砂防構造物は、魚類の遡上、降下を妨げるなど生き物の生息環境に悪影響を与える。しかしながら災害対応の方法を工夫することにより、小河川の魚類の生息環境への影響を軽減することもできる。例えば、上流域の砂防構造物で区切られた狭い区間であっても、瀬・淵などがある物理環境が保全、創出されることで渓流魚のイワナやアマゴの群集が維持される。下流域でも、琵琶湖との連続性がある程度確保されれば、ヨシノボリやウツセミカジカなどの底生魚類などが生息することができる。喜撰川では、魚道の設置が魚類の生息範囲を広げる様子がみられた。また、河口付近のヨシなど抽水植物の分布は、魚類の重要な生息環境の保全、再生につながる。河川やその周辺に湧水があることの意義は大きく、湧水特有の環境が必要なホトケドジョウなどの希少種の保全に貢献できる。こうした工夫を積み重ねることが、生き物の生息環境に配慮しながら防災・減災を図る河川などの整備・管理であり、未来に向けての地域のかけがえない伝統知になっていくと考えられる。

注

（1）あらかじめ設定したルートに沿って、動植物の出現数等を調査する方法。

（2）調査地域を見渡せる場所に一定の時間とどまり、動物の出現数等を調査する方法。

参考文献

綾部芳秀・深町加津枝　二〇二〇「滋賀県大津市八屋戸における秋季のトンボ類の生息状況と土地利用の関係」『日本緑化工学会誌』四六（一）、一七〇―一七三頁

鵜飼剛平・奥敬一・深町加津枝・堀内美緒・寺川庄蔵・森本幸裕　二〇〇六「琵琶湖に流入する砂防指定地小河川の魚類群集と生息環境の関係」『ランドスケープ研究』六九（五）、五六一―五六四頁

田村恭平・三好岩生　二〇二一「山地河川源流部における砂防構造物の影響から見た魚類の継続的生息条件」『砂防学会研究発表会概要集』五〇（一）、二一―二五頁

おわりに

本書では比良山麓地域の里山を事例に、自然災害への対応と、災害と同時にもたらされる自然資源の利用に関する伝統知について述べてきた。比良山麓地域は、歴史的に自然災害を多く被ってきた地域であるとともに、自然環境から得られる多様な資源をうまく利用してきた地域でもある。近年では防災インフラの整備や土地利用の変化など、災害対応をとりまく環境は変わってきているが、各所に自然災害にうまく対応してきた有形無形の伝統知が残っている。

災害対応の伝統知というテーマには、災害を防ぐための知恵だけでなく、災害をもたらす自然条件のなかでこそ得られる自然資源の利用や、そのような自然条件を基盤として育まれた里山の文化に関する知恵など、様々な題材が含まれる。そのため、筆者の専門分野は実に多様である。防災、自然環境・生物多様性の保全、地域文化の継承・育成などの現代的な課題を解決するためには、多様な視点から得られる知見を総合化し、俯瞰的な視野に立った考察が必要であると考えて内容を構成した。こうした工夫によって、災害と生態系の関わり、災害と地形・地質の関係性、そこから生まれた固有の歴史文化などを読み解くことができた。そして、多様な専門分野の研究者が俯瞰的な視野を意識しながら議論を重ねてきたことによって、現代的な課題解決に向けたヒントを示せたのではないだろうか。

構成に沿ってみると、第Ⅰ部では災害を防ぐための伝統知をとりあげた。多くの防災構造物が設置されたり、土地利用や植生の急激な変化がみられたりする昨今、一〇〇年以上前と比べると災害の起こり方にも多少の変化が生じている。しかしながら、災害をもたらす基本的な自然条件は、過去数千年にわたって大きな違いはなく、これまでに幾度もの災害に遭ってきた地域では、過去の災害経験が被害を防ぐ上でおおいに参考になるものと思われる。とくに数百年にわたって災害環境に大きな変化がなかった中世から昭和前期くらいまでの期間には、長い時間をかけて自然との付き合い方に関する知恵が経験的に積み上げられてきた。そのなかには現代では失われてしまった知恵もあるだろう。完全に失われていないとしても、ほとんど開かれることのない古い文書や一部の住民の記憶のみに残っている情報は顕在化が難しい状況にある。本書で述べてきたことは、失われつつある過去の情報や知恵について、一つ一つ丁寧に調べた上で整理したものである。また単に過去の情報を拾い上げるだけでなく、伝統知・地域知の現代的な応用手法についてもふれてきた。伝統知に科学的な検討を加えることによって、現代に必要な情報として昇華できたものと考える。

第Ⅱ部では、災害が頻発するような自然条件下で成立した水資源、景観、石材、生態系などの資源の利用と管理を題材としてきた。いずれも里山の地域資源として重要な価値を持つものであり、それぞれの利用形態や利用文化には自然災害が深く関わっている。比良山麓地域の景観や生態系は、度重なる自然災害の結果として得られたか、あるいは災害を防ぐための工夫のなかで作り出されたものである。また水資源や石材の採取・利用は、地域住民の生業に直接的に関わってきた。その利用や管理は生活のために洗練されてきたものであり、防災と同じく「生活を護る」ことに根差している。

災害を忌み嫌って遠ざけて考えるのではなく、災害も自然環境の一つとして自然の恵みと併せて深く知ることにより、自然環境からの被害をより小さくしながら恵みを享受することができるだろう。本書を手に取っていただいた方々には、それぞれの身近な地域の自然環境に今一度目を向けて、災害環境をはじめとした地域の自然とそこで育まれてきた文化について関心を寄せていただきたい。身近な里山の自然と文化について見識を深めることが、より安全で豊かな暮らしに結びつくと考えている。

三好岩生・深町加津枝

丹羽英之（Hideyuki Niwa）
京都先端科学大学バイオ環境学部教授
京都大学大学院地球環境学舎博士課程修了、博士（地球環境学）
専門は景観生態学
比良山麓といえば？：真砂土と湧水、それにより形成される氾濫原

綾部芳秀（Kaho Ayabe）
京都大学大学院農学研究科修士課程修了、修士（農学）
専門は景観生態学
比良山麓といえば？：湧水

田村恭平（kyouhei Tamura）
アジア航測株式会社勤務
京都府立大学大学院生命環境科学研究科修士課程修了、修士（農学）
専門は砂防学
比良山麓といえば？：豊かな淡水水圏生態系

渡部圭一（Keiichi Watanabe）
京都先端科学大学人文学部准教授
筑波大学大学院人文社会科学研究科退学、博士（文学）
専門は環境民俗学
比良山麓といえば？：石工に学ぶ自然知の宝庫

島本多敬（Kazuyuki Shimamoto）
滋賀県立琵琶湖博物館学芸員
京都府立大学大学院文学研究科博士後期課程修了、博士（歴史学）
専門は人文地理学、歴史地理学
比良山麓といえば？：扇状地と天井川

大原歩（Ayumi Ohhara）
成安造形大学非常勤講師／京都大学大学院地球環境学堂技術補佐員
成安造形大学造形学部卒業、学士（芸術）
専門は住環境デザイン
比良山麓といえば？：湖畔にそって走る西近江路と街並み

安藤滉一（Koichi Ando）
京都大学大学院農学研究科修士課程修了、修士（農学）
専門は景観生態学
比良山麓といえば？：家棟川

王聞（Wen Wang）
京都大学大学院地球環境学堂特定研究員
京都大学大学院農学研究科博士後期課程修了、博士（農学）
専門は景観生態学、造園学
比良山麓といえば？：人々の暮らしを取り巻く山、里、湖のつながり

成田茉優（Mayu Narita）
京都大学大学院地球環境学堂修士課程修了、修士（地球環境学）
専門は地域コミュニティ
比良山麓といえば？：雄松崎

佐藤啓花（Keika Sato）
京都大学大学院工学研究科建築学専攻修士課程在学中
専門は建築学
比良山麓といえば？：石文化

■編者紹介

吉田丈人（Takehito Yoshida）
東京大学大学院農学生命科学研究科教授
京都大学大学院理学研究科博士後期課程修了、博士（理学）
専門は生態学、陸水学
比良山麓といえば？：どこか懐かしい暮らしの豊かさ

深町加津枝（Katsue Fukamachi）
京都大学大学院地球環境学堂准教授
東京大学大学院農学系研究科修士課程修了、博士（農学）
専門は造園学
比良山麓といえば？：生物文化多様性

三好岩生（Iwao Miyoshi）
京都府立大学大学院生命環境科学研究科准教授
京都大学大学院農学研究科修士課程修了、博士（農学）
専門は砂防学
比良山麓といえば？：土砂災害との共生の場

落合知帆（Chiho Ochiai）
京都大学大学院地球環境学堂准教授
京都大学大学院地球環境学堂修士課程修了、博士（地球環境学）
専門は災害社会学
比良山麓といえば？：花崗岩と防災

■執筆者紹介（執筆順）

高橋大樹（Hiroki Takahashi）
大津市歴史博物館学芸員
佛教大学大学院文学研究科博士後期課程修了、博士（文学）
専門は日本中・近世史、博物館学
比良山麓といえば？：古文書・古地図で読み解く「温故知新」の場

東幸代（Sachiyo Azuma）
滋賀県立大学人間文化学部教授
京都大学大学院文学研究科博士後期課程修了、博士（文学）
専門は日本近世史
比良山麓といえば？：石をめぐる歴史のゆたかさ

地球研叢書
災害対応の伝統知——比良山麓の里山から

2024年3月25日　初版第1刷発行

編　者　吉田丈人
　　　　深町加津枝
　　　　三好岩生
　　　　落合知帆

発行者　杉田啓三

〒607-8494　京都市山科区日ノ岡堤谷町3-1
発行所　株式会社　昭和堂
TEL（075）502-7500／FAX（075）502-7501
ホームページ　http://www.showado-kyoto.jp

印刷　モリモト印刷

ISBN978-4-8122-2309-3